아주 사소하고 사적인

비판
으로부터
자유

이 책을 추천합니다!

10년 전 쯤 내 연봉 문제를 누가 인터넷에 올려 사회적인 몰매(?)를 맞은 적이 있다. 사실도 아니었고 설사 사실이라고 하여도 나는 그 때문에 그런 몰매를 맞는다는 것을 이해하기 어려웠다. 억울했다. 그런 것이 너무 억울해서 스스로 목숨을 끊는 일들이 우리 사회에는 비일비재하다. 우리 모두에게는 그런 무책임하고 살인적인 비판으로부터 자유하는 기술이 있어야만 한다. 그런 사람들에게 이 책을 추천한다.

°° **김동호 목사 | 높은뜻 연합선교회 대표**

책장을 넘기면서 지난 내 삶의 한 페이지 한 페이지가 필름처럼 지나갔다. 내가 남에게 붙여준 꼬리표, 남이 내게 붙여준 꼬리표들이 떠올랐다. 김수경 작가가 전작들에서 보여준 예리하면서도 따스한 시선이 고스란히 담긴 책. 누군가에게 상처 받고 마음 문을 닫은 채 살고 있는 모든 이들이 주인공을 찾아온 그 친구와 같은 한 사람을 만났으면 좋겠다.

°° **송정미 | CCM 가수**

추천사

고맙다, 이 책! '적극 추천'이라는 말을 그냥 꽉 박아주고 싶다. 나를 비추는 거울 같은 책이다. 아주 사소하고 사적인 비판에 대한 자유함에 대하여, 책장을 덮고도 생각난다. 책에는 여러 종류가 있다. 혹 한 번에 읽고 다시 읽고 싶은 책, 읽기는 하지만 페이지가 안 넘어가는 책! 그런데 이 책은 잡는 순간부터 놓고 나서까지 많은 묵상을 하게 한다.
。。이성미 | 개그맨

내 속엔 내가 너무도 많아. 그럼에도 늘 '착하고 정의로운 나'라고 자부했다. 『비판으로부터 자유』를 통해 마음속 깊은 곳에 자리했던 부끄러운 모습을 꺼내본다. 비판하는 마음, 억울함, 연약함, 인정하기 싫었던 모순된 마음들. 주님은 사랑으로 모두 덮으셨다. 비판과 정죄의 꼬리표를 달고 고통받는 모든 이들이 이 책을 통해 무한한 사랑으로 나를 품으신 그분, 상처 입은 치유자인 예수님을 만날 수 있기 바란다.
。。이선영 | KBS 아나운서

그토록 사소한 비판에 왜 고통을 느끼는지

살아오는 동안 타인으로부터 단 한 번도 비난과 정죄를 받아 본 적이 없는 사람은 없을 것입니다. 의도치 않은 행동으로 오해를 사서 억울한 비판을 받고 괴로워 해 본 경험이 없는 사람도 아마 없을 것입니다. 충고를 가장한 비난이 난무하고 염려를 가장한 험담이 일상이 된 곳이 바로 우리가 사는 세상입니다.

판단과 비판, 비난과 정죄는 우리 삶과 인간관계 곳곳에서 너무도 흔히 일어나 우리를 끝없이 고통스럽게 합니다. 성경 말씀의 '비판하지 말라'에서 '비판하다'의 원어가 '크리노 κρίνω(krino)', 즉 '심판하다, 재판하다, 판결하다' 라는 사실을 알았을 때 저는 우리가 어째서 그토록 사소한 비판에도 고통을 느끼는지 이해할 것 같았습니다. 맞습니다. 인간의 비판에는 단순한 평가를 넘어서 냉혹한 심판과 판결의 의미가 도사리고 있음을 우리는 본능적으로 느낍니다.

1년여 전 저는 작지만 고통스러운 어떤 '비판'을 겪었습니다. 이 주제가 제 인생 속에 처음으로 크게 다가왔습니다. 그러자 비로소 저는 하나님이 이것에 대해 어떤 생각을 갖고 계신지 다급히 알고 싶어졌습니다. 그래서 성경을 뒤지기 시작했습니다.

책머리에

그때 하나님은 저의 머릿속에 비판과 정죄의 고통 속에 살아가는 인간의 삶을 상징적으로 보여주는 이미지 한 컷을 떠올려 주셨습니다. 그리고 끝없이 우리 인생을 들쑤실 무수한 심판에 대하여 세상의 방식과 전혀 다른 방식으로 반응하는 방법도 가르쳐 주셨습니다. 그러면서 복음이 이 주제로도 놀랍게 설명될 수 있음을 보여 주셨습니다. 복음은 실로 인간 삶의 무한한 영역을 터치할 만큼 광대한 하나님의 지혜입니다.

이 책은 제가 겪은 이야기이고, 제 주변 사람들의 이야기이며, 제가 사랑하는 공동체의 이야기입니다. 살면서 판단과 비난, 정죄, 악플로 고통과 상처를 경험하신 모든 분들께 이 책의 모든 문장과 에피소드들이 하나님의 따스한 이해와 위로, 그리고 격려하심으로 받아들여지기를, 또한 우리의 언행을 정직하게 돌아보는 계기가 되기를 간절히 소망합니다.

이 책의 초고를 읽고 다정한 조언을 해 주신 이의성 목사님과 하세례 목사님, 애정으로 응원해주신 곽수광 목사님께 감사드립니다. 늘 특별한 인생 경험과 집필 과정을 통해 그분의 마음을 더 깊이 알고 한 계단 성장하도록 이끄시는 하나님께는 제가 할 수 있는 최상의 감사를 올려 드립니다. 저는 하나님이 정말 자랑스럽고 좋습니다.

김수경

추천사

책머리에
그토록 사소한 비판에 왜 고통을 느끼는지 ° 6

프롤로그
그것은 남의 이야기일 뿐이라고 생각했다 ° 11

차례

제1장
내 인생에도 일어날 거라고 생각지 못했다 ° 21

제2장
창살 없는 감옥에 갇히다 ° 43

제3장
꼬리표를 달고 살고 있었다 ° 59

제4장
따스한 세상으로 초대받았다 ° 107

제5장
그들에게 가 보라고 하셨다 ° 125

제6장
내 속마음을 궁금해 하셨다 ° 153

제7장
또 다시 비판을 받았을 때는 ° 179

에필로그
그럼에도 말해야 한다면 ° 199

저자의 뒷이야기
친히 보조 작가를 자처하신 하나님 ° 220

그것은 남의 이야기일 뿐이라고 생각했다.

프롤로그

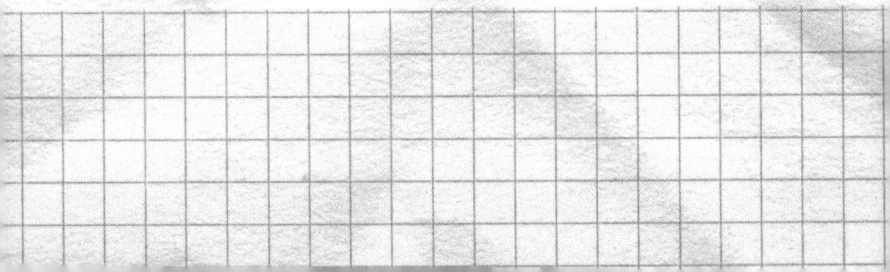

나는 그 사람의 무대를 지켜보았다.
그는 수많은 사람들에게 사랑을 받는
아주 유명한 인물이다.

어느 날 그가 공연 도중에 물의를 일으켰다.
일순 객석이 싸늘해졌다.

곧 사람들은 그를 말과 행동이 다른 위선자라고
맹비난을 하기 시작했다.

순식간에 그는 공공의 적이 되었고
무대는 그를 가두는 감옥이 되고 말았다.
사람들은 그의 해명을 믿지도 듣지도 않았다.
그의 공연 제목은 〈약속합니다〉였다.

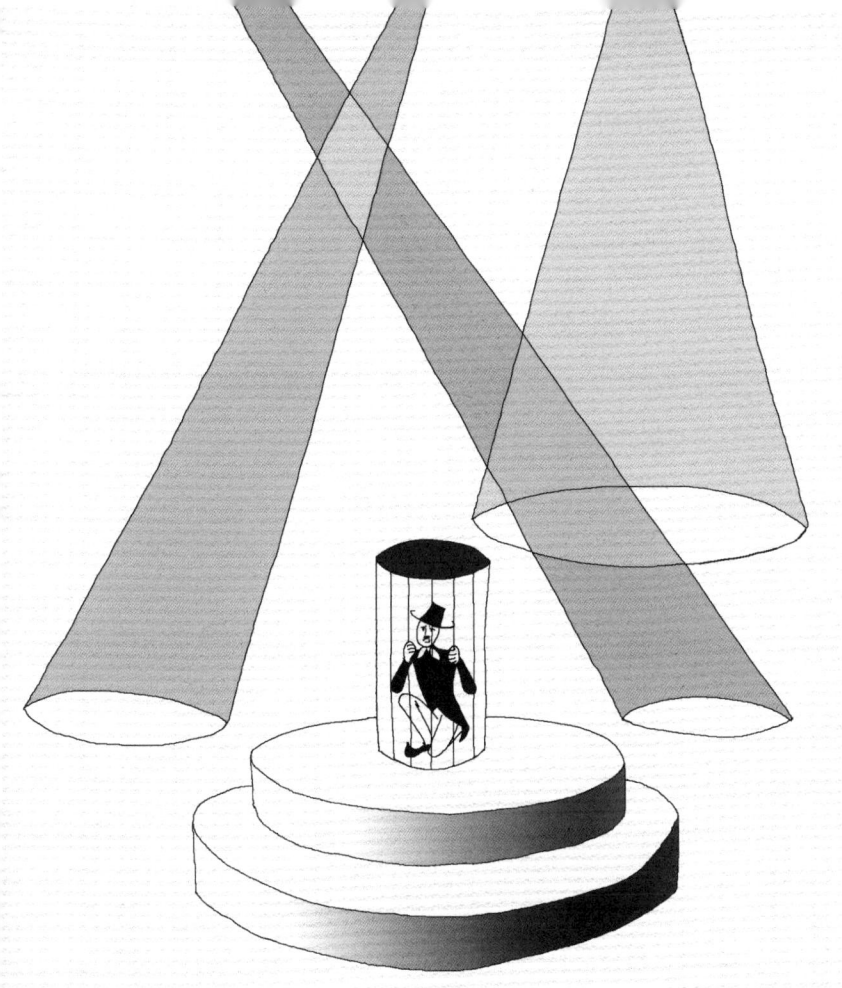

아주 사소하고 사적인

비판
으로부터
자유

내 인생에도 일어날 거라고 생각지 못했다

1

우리는 오늘도 각자의 **무대** 위에서 공연을 펼치고 있다.

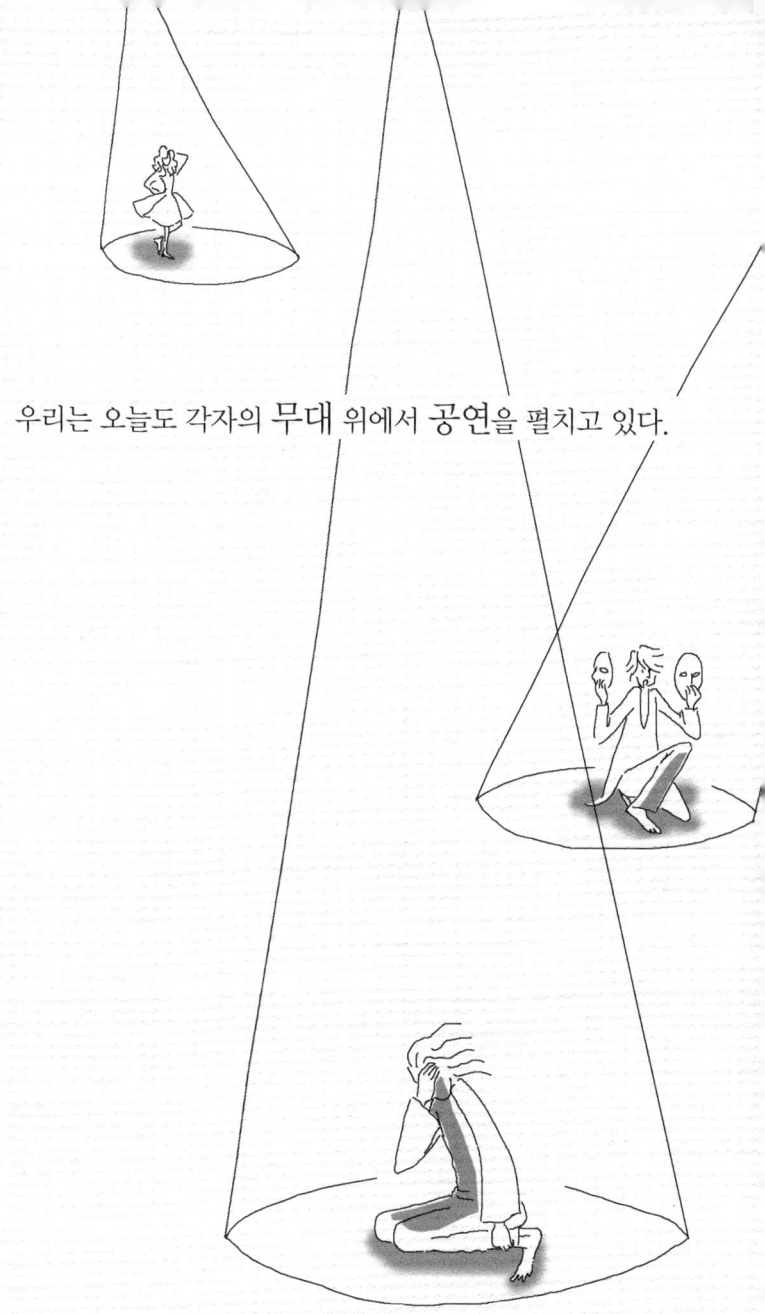

누군가의 관객이면서 또한 스스로가 주인공인 삶,
우리는 이것을 '인생'이라고 말한다.

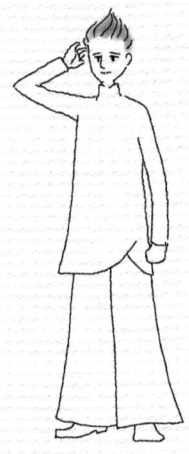

나는 그저 평범한 사람이다.
내 무대는 소박하지만
제법 지켜보는 사람이 많다.

오랜만에 소중한 동료들을 만나러 갔다.
그들은 막 새로운 일을 추진하고 있었다.

나는 그들이 잘됐으면 하는 마음으로
도움이 될 만한 것들을 빠짐없이 조언했다.

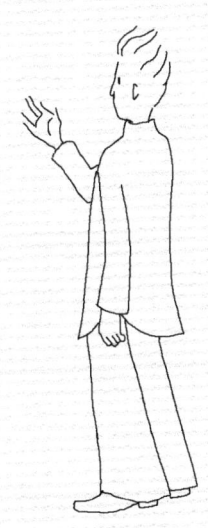

그런데 이게 웬일인가?

그들이 돌연 거세게 나를 반격하는 것이었다.

"네가 뭔데 그따위 소리를 하느냐,

우린 다 생각이 있어 이러는 것이다,

알지 못하면 입이나 다물어라."

예상치 못한 반응에 나는 몹시 당황했다.

몹시 불쾌했지만 나는 꾹 참았다.
'충고를 무시하면 자기들 손해지.' 하며
내 자리로 돌아왔다.

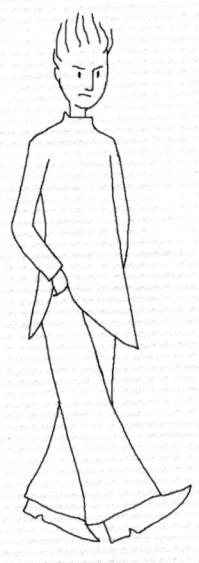

이튿날,
다시 조명이 밝혀졌을 때 나는 소스라치게 놀랐다.

"이 잘난 체 하는 위선자!
네가 감히 우리를 바보 취급해?"

"처음부터 넌 우리를 그런 눈으로 봤던 거야.
넌 정말 **형편없는 인간**이야!"

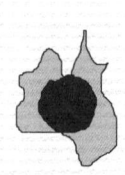

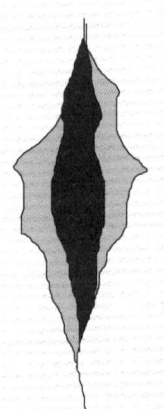

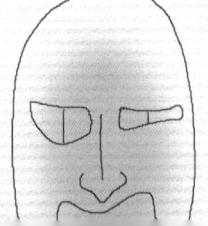

어이가 없었다.
난 우정 어린 조언을 했을 뿐인데
그들은 신랄한 인신공격을 하고 있었다.
그들의 대응에 나는 적잖은 충격을 받았다.
우리는 여태 친한 사이 아니었던가.

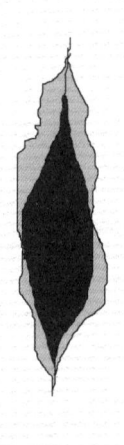

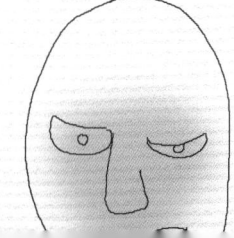
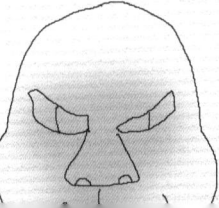
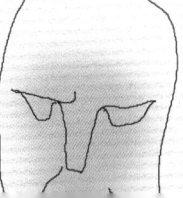

내가 애써 웃는 얼굴로 대답하려 하자
그들은 사나운 얼굴로 내게 입을 다물라고 했다.

어떤 변명과 합리화도 듣지 않겠다고 했다.
당황스러웠다.

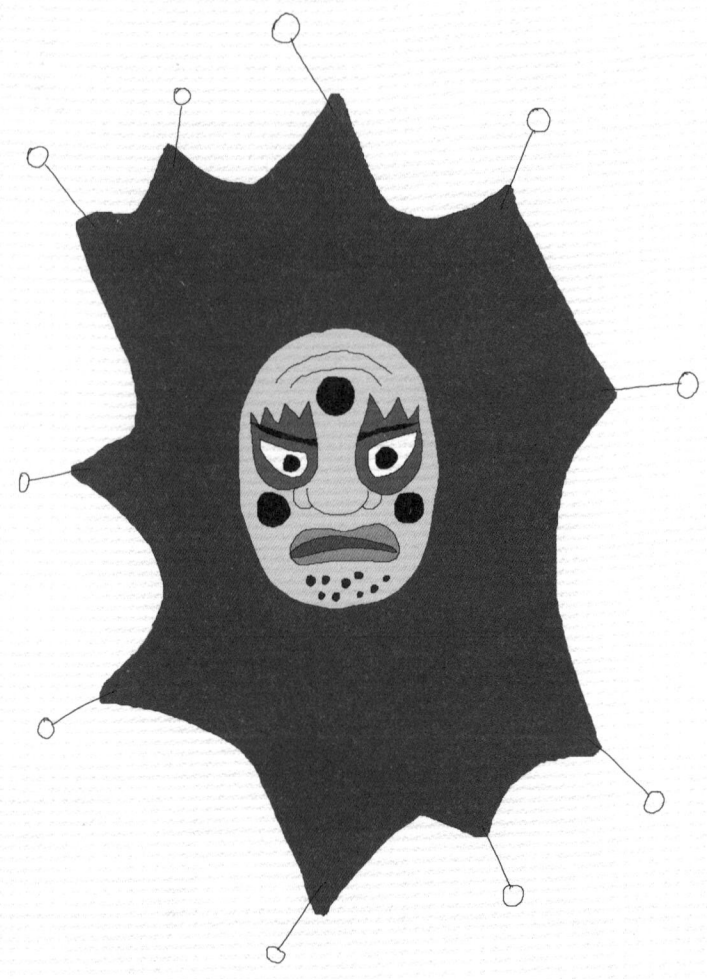

그때부터였다.
그들은 내가 무슨 말만 하면 꼬투리를 잡았고
내가 무슨 행동을 취하기만 하면 즉각
나를 악의적으로 매도하며 그들 마음대로 단정 지었다.
오랜 호의가 적의로 바뀌는 것은 순간이었다.

곧 주변사람들까지도 덩달아
미심쩍은 눈으로 나를 흘끔거리기 시작했다.
나를 대하는 태도도 어딘가 달라졌다.

상상조차 해 본 적 없는 일이었다.
단 한 번의 언행으로 쓰레기 같은 인간이 되는 것,
유명인에게나 일어나는 일인 줄 알았다.

사람들의 시선은 소름끼칠 만큼 차갑게 얼어붙었다.
그들은 진상도 묻지 않고 서둘러 나를 옥에 가두었다.
옴짝달싹할 수가 없었다.

창살 없는 감옥에 갇히다

2

나는 그런 사람 아니야!
나는 그런 사람 아니라고!
하루에도 수백 번씩 울컥했다.
억울하고 분해 견딜 수가 없었다.

사람들이 나를 믿어줄 거라는
당연하고도 평범한 확신이 무너지자
타인의 시선이 몹시 두려워졌다.
'왜 나를 저런 눈으로 보지?
저 사람도 그들에게 내 얘기를 들은 걸까?
왠지 나를 싫어하는 눈빛이야.'

나는 사람들의 눈치를 보기 시작했다.
여기서 더 적대자가 생긴다면
버티며 살 자신이 없어질 것 같아서
나는 사람들의 표정을 살피며 말꼬리를 바꾸는
비굴한 인간이 되어 갔다.

친구들이 찾아와 위로랍시고 한 마디씩 한다.
"과민반응하지 말고 그냥 웃어넘겨!"
"세상 살다 보면 이런 일 흔해."
'이런 일'이 자기에게 벌어지지 않았기에
저런 말이 쉬운 거다.

멀리서 나를 주시하던 그들은 또 비아냥거렸다.
"사람들을 제 편으로 끌어들여 동조를 받으니
잘못한 게 없다는 생각이 드나 보지?"
"성찰하고 반성할 생각은 안하고
합리화를 하면서 스스로를 속이고 있군!"
"한심하네. 저런 식으로 살고 싶을까?"

대체 그들이 무슨 권리로 나를 단죄하는가?
누가 저들에게 나를 비난할 자격을 주었단 말인가?
나보다 잘난 것 하나 없는 그들이
어째서 내 재판관이 되어 있는가?
온당치 못하다.

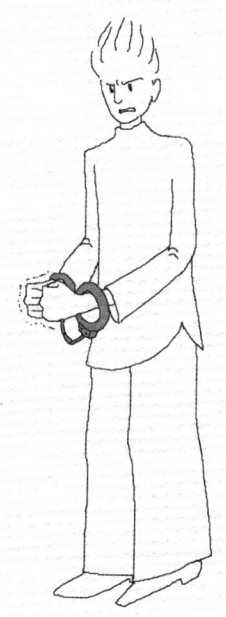

억울해서 미칠 것만 같았다.
나도 나만 알고 있는 그들의 실상을
온 세상에 있는 대로 까발려 망신을 주고,
해당되는 법이 있기만 하다면
무서운 벌을 받게 만들고 싶었다.

하지만 이것은 원통하게도
법과는 전혀 무관한, 감정의 지대에서 일어난 일이었다.

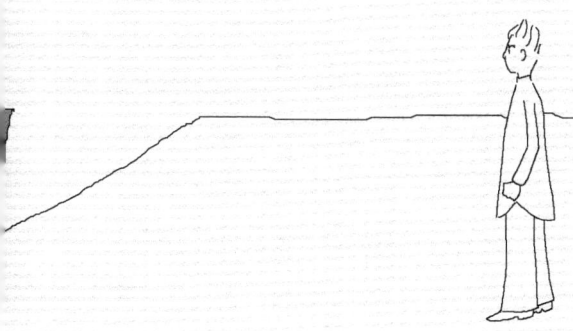

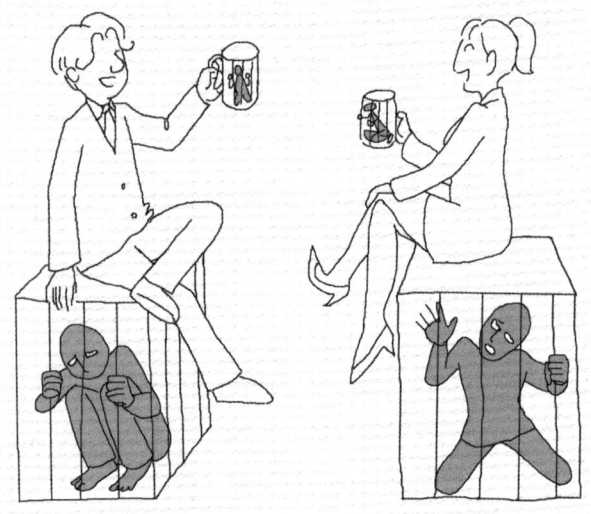

생각할수록 분했다.
저들은 나를 이렇게 가두어 놓고
아무 일도 없었던 것처럼 시시덕거린다.

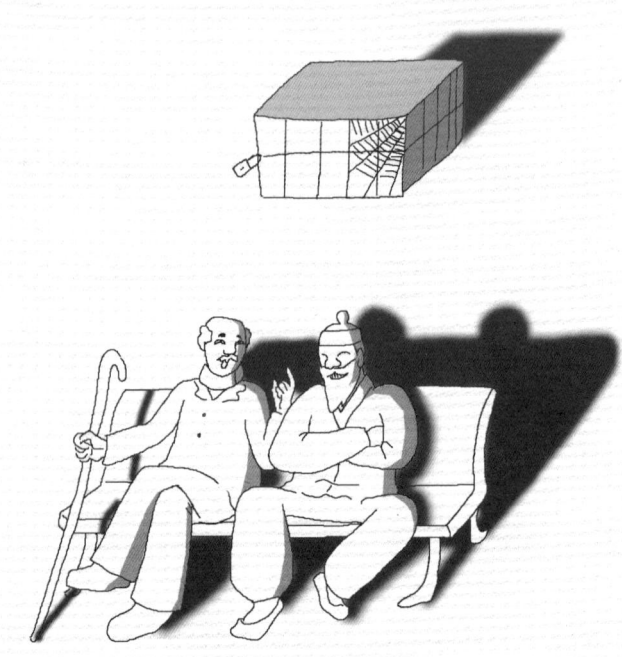

한 사람의 인생을 암흑 속에 매장하고도
그들은 평생 기억조차 없이 살 것이다.
그게 여기, 인간 세상이다.

꼬리표를 달고 살고 있었다

3

칩거는 생각보다 길어졌다.

마음의 문을 닫은 채 **복수**를 구상하며 지내는데
한 친구가 찾아왔다.

"왜 온 거야? 너도 한 마디 보태려고 왔니?
돌아가. 아무 말도 듣기 싫어.
내 맘 다 안다는 식으로 말하지도 말고
선생처럼 가르치려 들지도 마. 더 기분 나쁘니까."

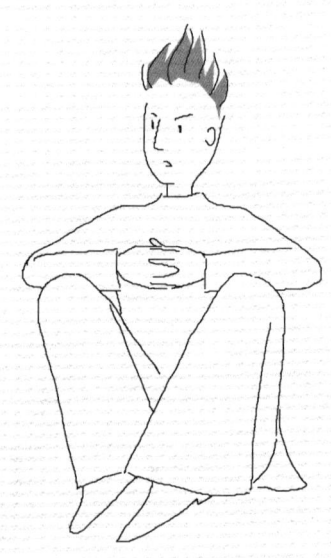

친구는 고요한 얼굴로 말했다.
"네게 보여주고 싶은 것이 있어."

그는 나의 무대 중앙으로 나갔다.
그리고 나를 위한 공연을 시작했다.

그가 노래하기 시작했다.

내가 살던 세상은
눈물 나도록 재미난 세상이었지.

사람들은 저마다 옷자락에
꼬리표 하나씩을 달고 다니는 나라.

거기선 꼬리표에 한 줄 한 줄 점수를 써 주지.
예쁘다, 못났어,
괜찮아, 나쁘다,
웃기시네, 한심한 놈,
미쳤나 봐, 죽어버려,라고 말이야.

온갖 평가들이 가득 적힌 꼬리표를 매달고
사람들은 힘겹게 걸음을 떼곤 했지.
씁쓸한 성적표를 등에 짊어지고서
인생이 그런 거지 뭐 하며 한숨을 삼켰어.

어떤 사람은 눈 하나 깜짝 않고
아주 훌륭한 취지의 잔인한 글을 남겨.
직접 들으면 생명을 포기하고 싶은 평가를.

어떤 사람은 정말 아끼니까 말하는 거라며
만약 자기를 향했다면 통곡이 터질
냉혹한 충고를 거리낌 없이 쏟아 붓지.

어떤 이들은 뒤에 모여 끝없이 속닥거려.
헐뜯는 그 짜릿한 쾌감은 이루 말할 수 없거든.
남을 욕하고도 인격을 의심 받지 않으려면
염려해서…, 잘 됐으면 해서…, 라는 이유를 달면 돼.

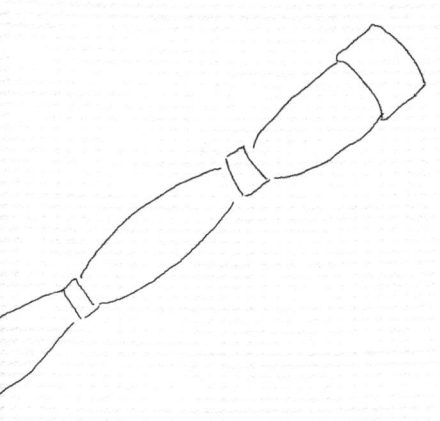

사람들은 꼬리표를 무한히 신뢰했어.
그 속에 적힌 내용은
최소한일지언정 진실의 무게를 담고 있기에.
점점 꼬리표는 그 사람 자신이 되었어.

그렇게 주인 없는 재판장의 망치는
숱한 사람들의 손을 옮겨 다니며
매우 사적이고, 때로 위험하기까지 한
판결을 내리곤 했어.

사람들은 인생보다 버거운 꼬리표를 달고서
온힘을 다해 그 세상에 매달려 살았어.
여기서 떨어지면 살 수가 없으니까,
어떻게든 여기서 살아남아야 하니까….
결국 사람들은 일생을 버티고 버티다
어느 순간 깊이를 알 수 없는 수렁 속으로 떨어지지.
'끝'이라는 이름의 어둠 속으로.

헐뜯고 밀쳐내야 네 자리를 지킬 수 있다고,
이것이 엄연한 우주의 생존법칙이라고
누군가가 퍼뜨린 거짓말에 속으며
일평생 철조망을 버둥버둥 붙들고 사는 사람들….
그들이 가여워 가슴 뜯으며 우는 분이 계셨어.
사랑하고 사랑받게 하려고 사람을 만드신
그분, 바로 하나님.
하지만 사람들은 본 적도 없는 그분을
믿으려 하지 않았지.

그러던 어느 날,
한 사람이 철조망 위에 나타났어.
촌 동네 출신, 천민의 아들이라는
초라한 꼬리표를 달고서.

사람들은 코웃음을 쳤지.
저토록 누추한 하나님의 아들이라니….
화려한 평점 가득한 꼬리표를 달고 나와도 모자랄 텐데.

"여러분이 창조될 때 나는 그 자리에 있었습니다!" [1]

어이가 없어 모두들 고개를 저었어.
가능성은 셋 중에 하나겠지.
정신병자이거나, 사기꾼이거나, 진짜 하나님이거나.

그런데 정말 이상한 것은….

1) 요한복음 8:57~58

그의 말엔 하늘의 격조가 있었고
그 삶에는 천상의 내용이 담겨 있었어.
그가 만난 사람들은 영혼이 깨어났고
그가 만진 사람들은 위로를 받는 거야.
그는 대체 누구일까, 어디서 온 걸까?
사람들은 혼란스러워 하면서도
점점 그에게로 다가가 귀를 기울였지.

"누가 당신에게 재판장의 망치를 주었나요?
누가 여러분에게 형을 언도할 권리를 주었습니까?
나는 사람이 사람의 인생을 멋대로 심판하도록
누구에게도 그런 자격을 준 적이 없습니다.[1]
당신들은 하늘의 법을 완전히 오해하고 있습니다."[2] [3]

1) 요한복음 8:1~11 2) 마태복음 5:20~45 3) 마가복음 7:10~13

"우주의 유일한 재판장은 오직 나뿐입니다. 4)
나는 세상을 창조했던 그 지혜와
인간의 실존을 완벽히 이해하는 그 지식으로 5)
완전한 판단과 공정한 심판을 내립니다. 6) 7)
하지만 이러한 나조차도
이 참혹하고 불의한 세상에 대하여
끝 날까지 심판을 미루며 참고 있는데 8)
누가 감히 나보다 앞서 심판한단 말입니까?" 9)

---

4) 요한복음 5:22 5) 요한복음 3:31~36 6) 요한복음 8:16 7) 요한복음 7:23~24
8) 요한복음 3:17 9) 마태복음 25:31~46

"내 아버지의 뜻을 곡해하고 모독하는 자들이여![1]
스스로 의롭다고 생각합니까?[2]
남의 눈 속에 있는 티끌만 크게 보입니까?[3]
착각하지 마십시오!
당신이 남에게 찍어 내린 냉혹한 꼬리표,[4] [5]
그 잔인한 살인행각부터 당장 그만 두시오!"[6] [7]

1) 마태복음 5~7장 2) 누기복음 18:9~14 3) 마태복음 7:3~4 4) 누가복음 19:7
5) 요한복음 8:5 6) 마태복음 5:21 7) 요한복음 8:7

"당신은 뼛속까지 악으로 물들었고
고장 난 의지는 작은 혀도 통제하지 못합니다.[8]
부끄러운 진실과 억울한 오해가 공존하는 꼬리표,[9] [10]
당신들이 서로에게 평생을 짐 지운 그 꼬리표가
바로 당신이 죄인이라는 명백한 증거입니다![11]

그래요, 당신들의 연약함을 나도 압니다.[12] [13]
스스로는 그 짐을 결단코 벗을 수 없소.
그래서 내가 온 것입니다.[14] [15]
당신들에게 자유와 생명을 주어야겠기에.[16]

"그러나, 부디 이것만은 기억하시오.
당신의 인생이 끝나 최후의 재판정에 설 때,
일생 동안 남에게 걸어준 무수한 꼬리표에 대해
당신은 내 앞에서 일일이 변명해야 할 것이오.[17]
그들을 심판했던 바로 그 잣대로
그날에 당신이 심판 받게 될 것입니다!"[18]

8) 누가복음 6:45　9) 요한복음 4:6~19　10) 마가복음 6:3　11) 요한복음 8:4~9
12) 마가복음 14:37~38　13) 요한복음 2:25　14) 요한복음 3:17　15) 마태복음 11:28
16) 요한복음 10:10　17) 마태복음 12:36　18) 마태복음 7:2

"그러니 여러분!
속수무책의 시간이 오기 전에
어서 죄의 몸을 벗고 새롭게 태어나시오! [1]

나는 그 유일한 길이며
당신이 찾아 헤매던 바로 그 진리이며
죽음으로 치닫는 당신을 건져줄
단 하나의 생명입니다! [2]

나는 당신을 심판하러 온 것이 아니라
당신을 구원하기 위해 왔습니다." [3]

1) 요한복음 3:1~21   2) 요한복음 14:6   3) 요한복음 12:47

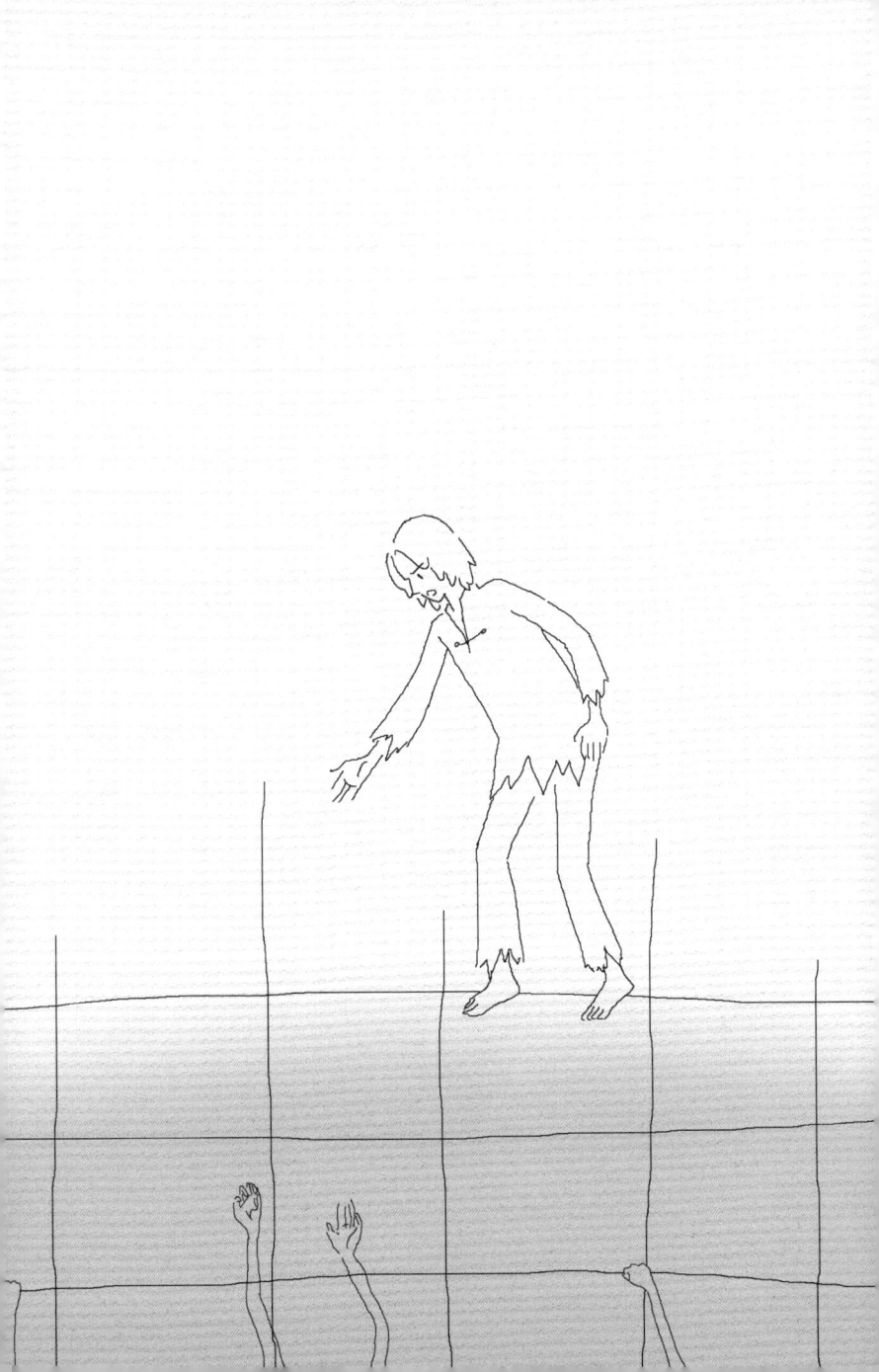

예수라는 이름의 누추한 젊은이를 만나
자유와 해방을 얻는 자들이 늘어갈수록
한편에선 앙심을 품는 자들도 늘어갔어.

이미 재판장의 망치를 쥐고 있던 그들은
자기의 권력을 무시하고 뒤흔드는
이 라이벌을 없애려고 모의하기 시작했어.
예수의 꼬리표에 써 놓을 온갖 평가와 비난을
열심히 긁어모아 부풀리고 조작했지.

결국 그는 죄 없이 재판정에 끌려왔어.
재판장이 피고석에 끌려와 심판을 받은 것이지.
창조주가 피조물에게 사형선고를 받은 거야.

그를 따르던 사람들은 **배신**하고 달아났어.
하지만 그는 아무런 자기변호도 하지 않고
묵묵히 억울함을 견디고 있었어.

왜냐하면,
사람들은 진짜 인생이 무엇인지 모르니까.
진정한 생명을 누가 주는지 모르니까.
자신이 몸소 알려주지 않으면
아무도 알 수가 없을 테니까….

그는 사람들의 꼬리표를 자신의 몸에 매달고
그 모든 죄의 무게를 홀로 지고서
'끝'이라는 이름의 수렁으로 빠져 들어갔지.
그렇게 그는 거기서 끝을 맞이했어.

수렁은 단단히 입을 다물고
창조주의 완전한 끝을 알렸지.
어떤 이는 끝났다고 통곡했고,
어떤 이는 끝났다고 안도했어.

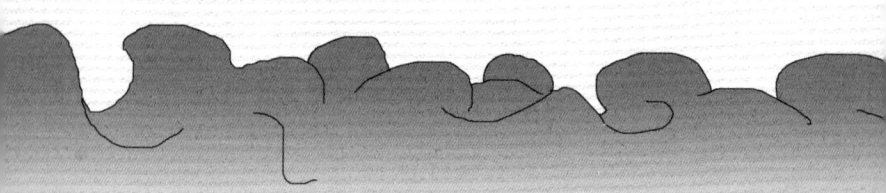

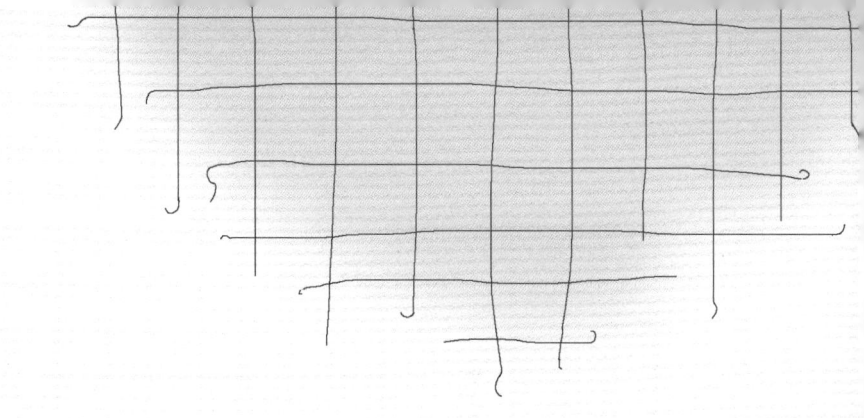

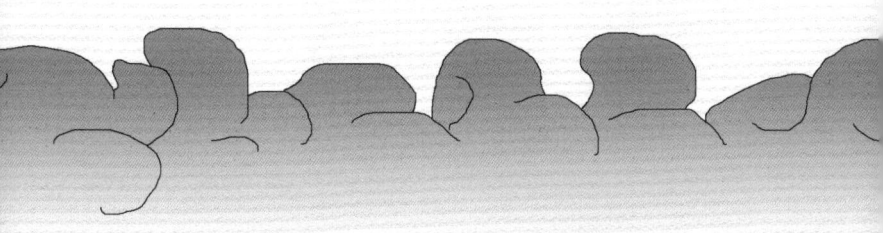

하지만,
그건 결코 끝이 아니었어.

땅이 괴로워 요동치다가
결국 입을 열고 창조주를 토해냈어.
죽음은 도저히 하나님을 소화할 수 없었던 거야.

그분은 위태로운 철조망 위의 사람들에게
내려오라고, 이곳은 안전하다고 손짓했어.
나를 믿기만 하면
무거운 죄의 꼬리표를 떼어주고
완전히 다른 인생을 주겠노라고
사람들을 애타게 초대했어.

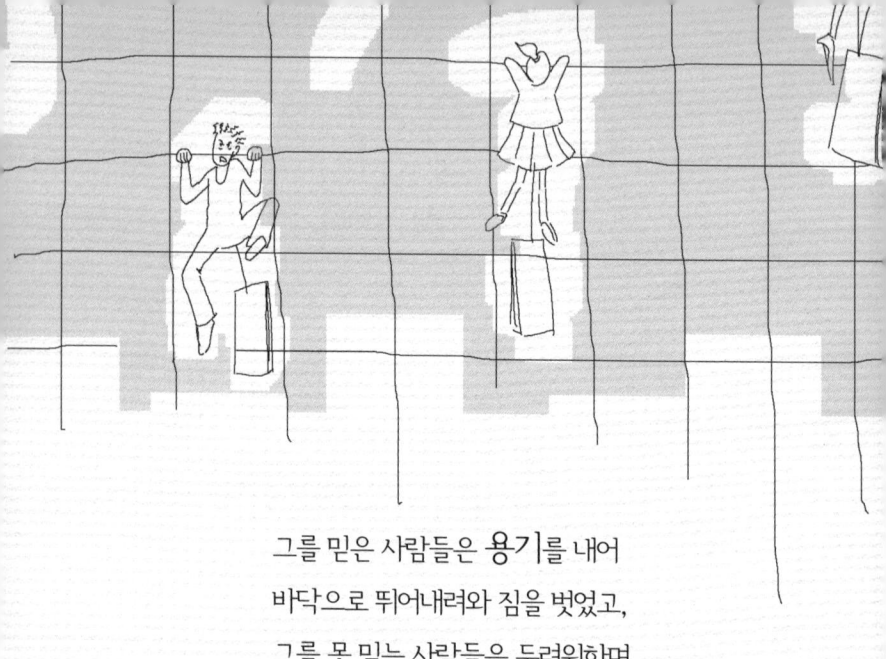

그를 믿은 사람들은 용기를 내어
바닥으로 뛰어내려와 짐을 벗었고,
그를 못 믿는 사람들은 두려워하며
여전히 사다리에 매달려 있지.

지금도 철조망 위의 사람들은
더, 더 높은 곳에 비상구가 있다고 믿으며
고통스러운 꼬리표를 일평생 몸에 매달고
버둥거리면서 위로만 위로만 올라가려 해.
하지만 철조망 아래로 내려온 사람들은
사실은 출구가 지극히 낮은 곳에 있었음을
비로소 알게 되지.

문 밖에는 여전히 독기를 품은 그들이
어디 한 마디만 더해 보라고 기다리고 있다.
저곳이 내가 되돌아가야 할 세상이다.

나는 생각하고 또 생각했다.
자신의 피조물로부터 오해와 비방을 받고
그들에게 사형까지 당한 창조주가 정말 있다면
내가 겪은 억울함과 원통함을
그보다 더 정확히 알아줄 이는 없을 것이다.
사람의 옳고 그름을 공정한 법으로 심판할
자격 있는 존재가 정말 이 우주에 존재한다면,
세상은 더 이상 부조리한 곳이 아닐 것이다.

그런 존재가 정말 있으면 좋겠다.
냉정하게 공전하는 살벌한 이 우주 한 복판에
목숨 걸고 내 편 들어주는 누군가가 있어주면
얼마나 마음이 든든할까?

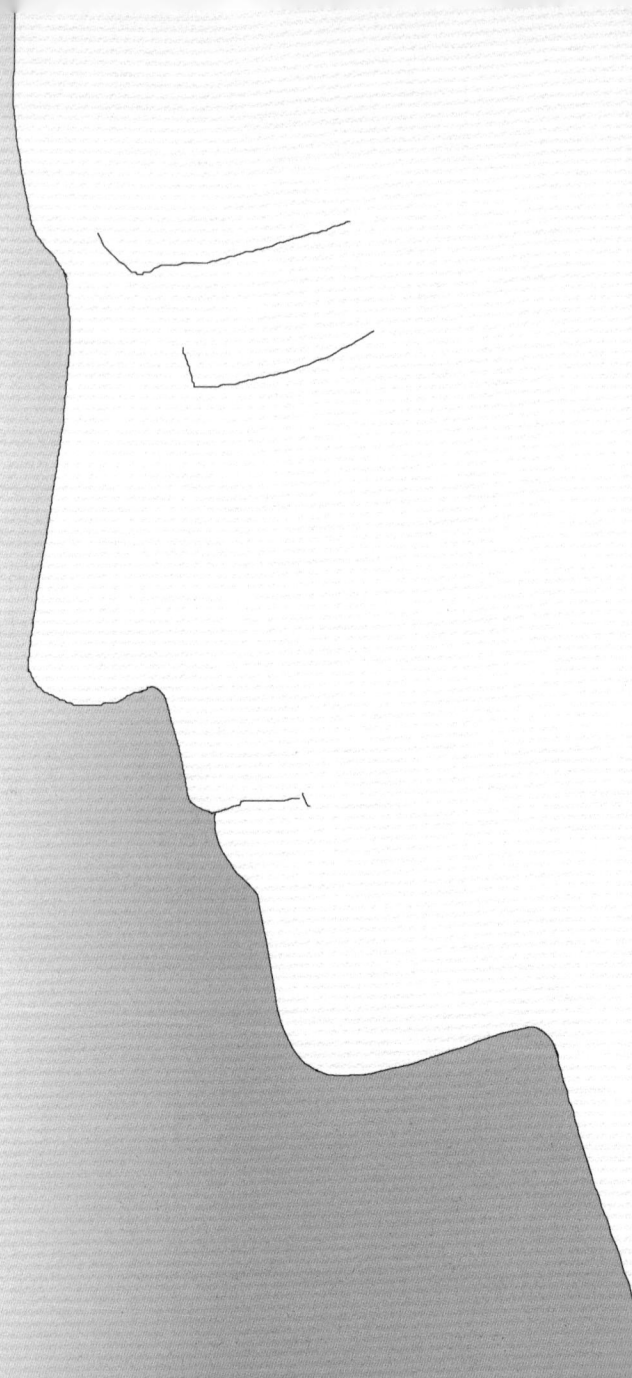

마침내 나는
내 생애 처음으로 기도라는 것을 했다.

"하나님, 정말 당신이 계시다면
오셔서 제 편이 되어 주세요.
저는 혼자예요.
저는 억울하고,
이대로 살 자신이 없습니다.
저 좀 도와주세요.
제발…."

암흑 속에 빛 한 줄기가 새어 들어왔다.
누군가가 내 무대 위로 올라오고 있었다.

그 사람은 가만히 내 앞에 다가와
나를 꼬옥 감싸 안았다.
어린 시절 달려가 안긴 엄마 품처럼
온 몸의 긴장이 탁 풀렸다.
평생 한 번도 경험해 보지 못한 안도감이었다.

"많이 힘들었지? 다 안다.
내가 곁에 있을 테니 이제 마음을 놓거라."
말할 수 없이 따스한 음성. 그분이었다.

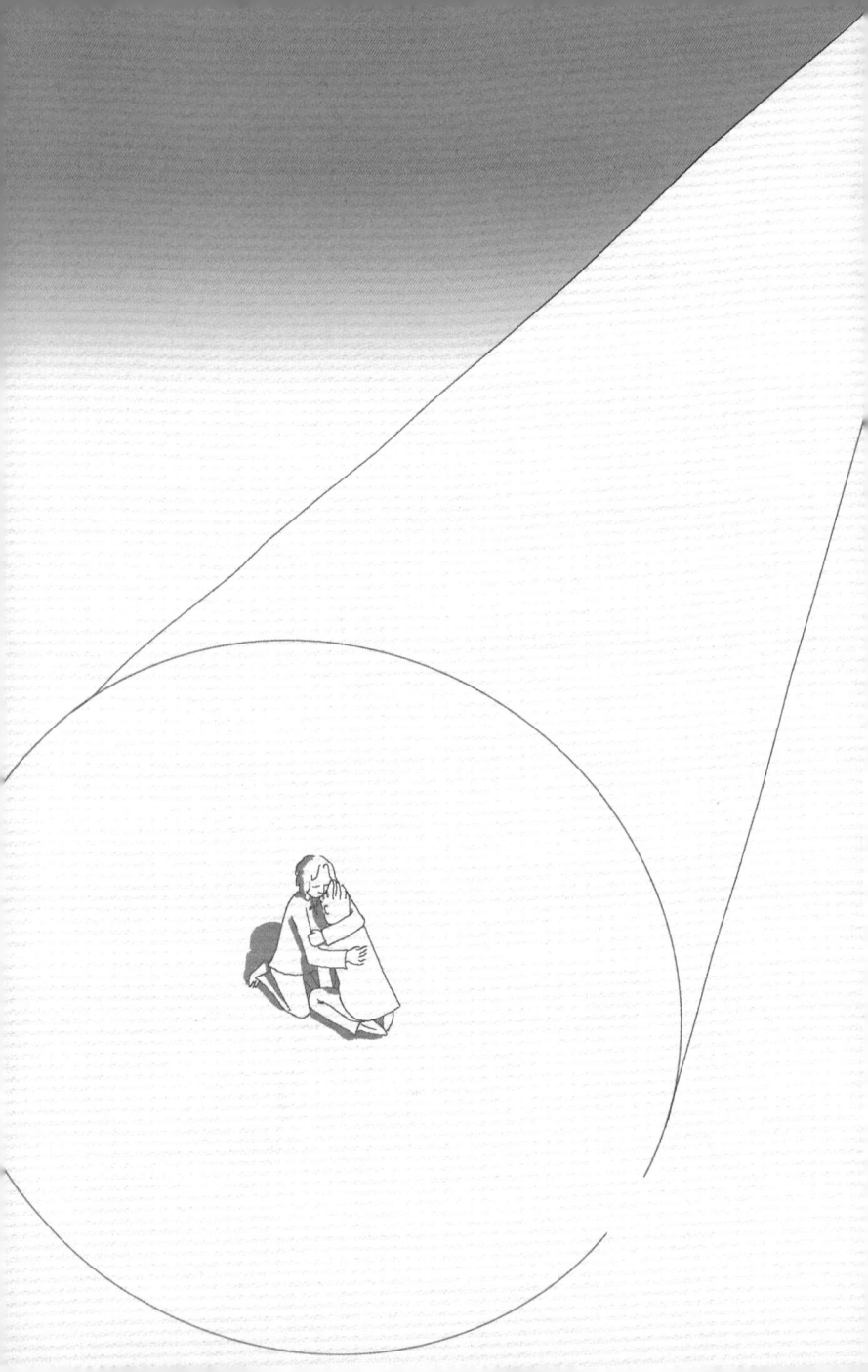

말하지 않아도 알아주는 이가 정말 계셨구나.
모두가 등을 돌려도 내 편이 돼 줄 분이
진짜로 있었구나.
나는 그분의 품에 안겨 한참을 흐느꼈다.

'아아! 의로운 재판장이 내 편이 되러 와 주셨어.'

생각이 거기에 미친 그 순간,
엄청난 두려움이 와락 심장을 덮쳐왔다.
나는 즉시 무릎을 꿇고 바닥에 머리를 조아렸다.
그분의 빛이 나를 조명하자 상상도 못한 일이 벌어졌다.

그것은 내 모습이었다.

내 손에서 짓이겨진 수많은 사람들이 보였다.
기억에서 지워졌던 사건들이 줄줄이 떠올랐다.
살아온 나날 동안 줄곧 나는 저 모습이었던가?
그러고도 나는 세상에서 가장 옳은 인간인 체하며
뻔뻔하게 큰소리 쳐 왔던가?

내 실상을 눈으로 확인했을 때 나는 깨달았다.
'인간은 죄인이다' 정도가 아니었다.
바로 나, 나란 놈이 죄인이었던 거다.
그런데 이런 자를 저분이 지금 아무것도 따지지 않고
무작정 감싸 안아주고 계시다….
도대체 왜…? 내가 무엇이기에?

그분의 품에서 눈두덩이 짓무르도록
참회하고 통곡하기를 며칠.

울음을 그치고 일어났을 때 나는
가슴이 개운하게 뻥 뚫려 있음을 느꼈다.

나는 내가
받을 자격 없는 자에게 베풀어진 과분한 호의,
은혜를 입었음을 비로소 깨달았다.

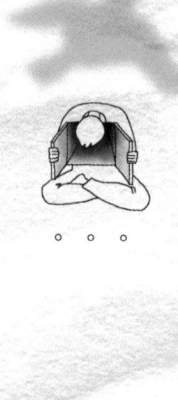

그들에게 가 보라고 하셨다

5

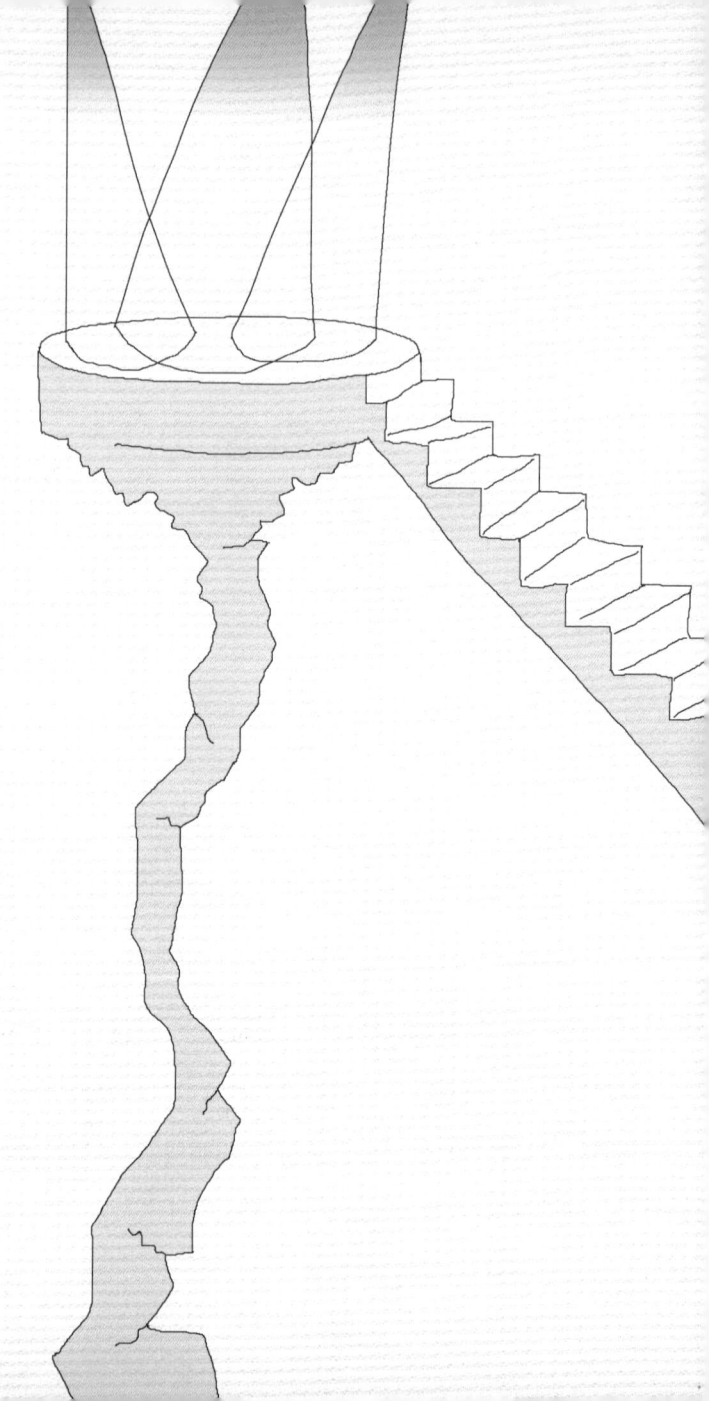

나는 그분과 많은 시간을 보냈다.
우리는 급속도로 가까운 사이가 되어 갔다.
오르락내리락 급격한 믿음의 등고선을 그리기도 했지만
내 삶에는 전에 없던 기쁨이 가득했다.
그분을 위해서라면 뭐든지 해 드리고 싶을 만큼
그분을 점점 더 많이 좋아하게 되었다.

한참 시간이 지난 어느 날,
그분이 내게 물으셨다.

"이제 슬슬 가 봐야 하지 않을까?"
나는 되물었다.
"네? 어디를요?"
"너의 옛 동료들에게로 말이다."

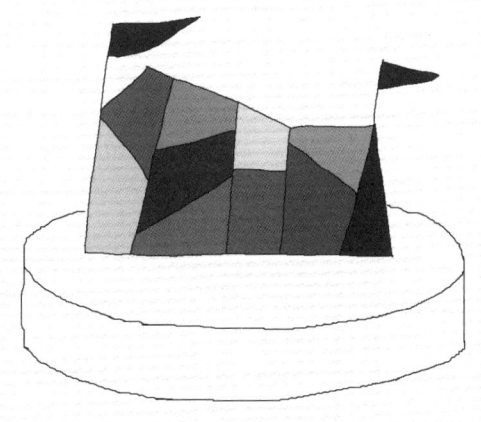

나는 웃으며 대답했다.
"주님, 저는 이제 괜찮아요.
이젠 굳이 저들과 다시 만날 필요도,
저들의 사과를 받을 필요도 없어요."

"애야, 내 생각은 다르단다."

"네? 저더러 사과를 하라고요?
왜요? 가해자는 분명 저들이었잖아요!"
나는 주님께 화를 냈다.

그때 주님은 내게 한 장면을 보여주셨다.

그것은 내가 기억하고 있는 것과는 전혀
다른 장면이었다.

단 한 번도 이렇게 생각해 본 적이 없었다.
그러나 이것이 그날의 진실이었다고
주님은 말씀하고 계셨다.

그래서 저들이 그랬던 것인가?
저들을 그토록 악의적으로 만든
애초의 장본인이 실은 나였단 말인가?
내가 피해자이기 이전에
먼저 가해자였다는 사실을 깨달은 순간
나는 쥐구멍에라도 숨고 싶었다.

몇 날을 망설인 끝에 나는 그들을 찾아갔다.
그리고 간신히 입을 떼었다.
"미안하다."

그들 중 한 명이 울음을 터뜨렸다.

"…그래, 네가 지적한 대로
우리가 모조리 다 틀렸을 수도 있어.
하지만 우리는 사람이야.
아픔을 못 느끼는 무생물이 아니라고."

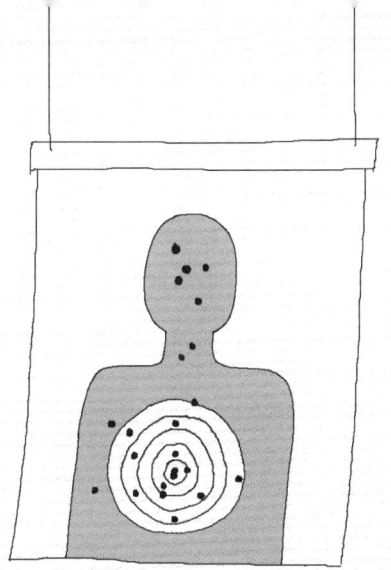

아아.
나는 그런 인간이었던 거다.
듣는 이의 마음을 헤아리지 않고
머리에 떠오르는 대로
비수 같은 언어를 내뱉으면서
내 뜻만 정확히 전달되면 된다고 믿는 인간.

나는 한동안 그들을 붙들고 엉엉 울었다.
그렇게 우리는 **화해**하였다.
그들도 눈물을 흘리며 사과했다.

어느 날,
한 친구의 무대가 사정이 생겨 잠시 막을 내렸다.

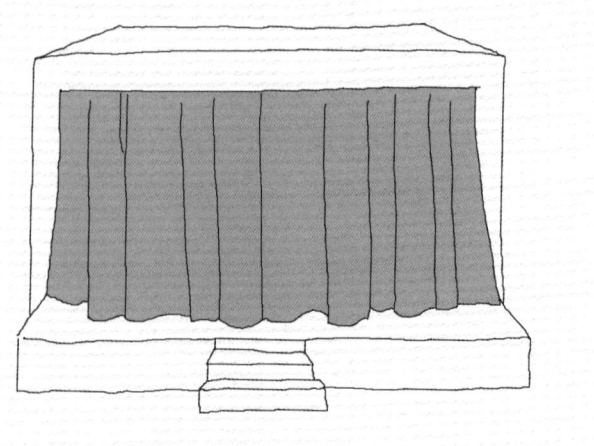

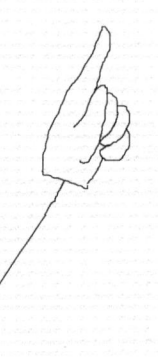
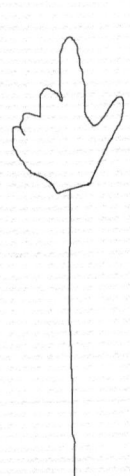

무대 주변에는
사람들이 둘러서서 손가락질을 하고 있었다.

"진짜 이기적이고 무책임하네.
힘들다고 비겁하게 숨어 버려?"

"남들이 자기 때문에 뒤통수 맞고
얼마나 기가 막힐지는 안중에도 없군."

"그런데 어찌 된 상황이래요?"

"별일도 아닐 거예요!
요즘 것들은 다 저 모양이야.
정말 맘에 안 든다니까."

친구는 어두운 막 안에서 펑펑 울면서
무대 안의 급한 불을 끄고 있었다.
제대로 알지도 못하며 떠드는 바깥 소리에
친구의 가슴은 피멍이 들어 있었다.

사람들은 여전히 객석을 얼쩡거리며
그 무대를 욕했다.

'나는 편견이 없고, 객관적이고 공정해서
모든 정황을 정확히 볼 수 있어.
사람들의 동기를 파악하는 눈치도
남들보다 훨씬 예민하지.'
우리가 쉽게 심판자가 되는 이유는
자신의 감각기관을 과대평가하기 때문이다.
우리는 자기가 전지全知하지 않다는 것을
자꾸 잊어버린다.
그래서 자기 경험과 방식으로 채색된 안경을 끼고
상대의 단면을 전부로 해석하고 단정하는 무모를 범한다.

주님이 한숨을 쉬셨다.
"그뿐이 아니란다.
타인을 향한 나의 너그러움과 용서를 섣불리 부정하면서
그것이 월권행위라는 것을 인식조차 못하지."

그렇다. 주님은 나에 대한 심판을
수천 년이나 보류해 오셨는데
우리는 **순간**을 참지 못한다.

그 즈음,
나는 예전의 그 유명했던 사람이
다시 세상 밖으로 나오기 위해
안간힘을 쓰는 모습을 보게 되었다.

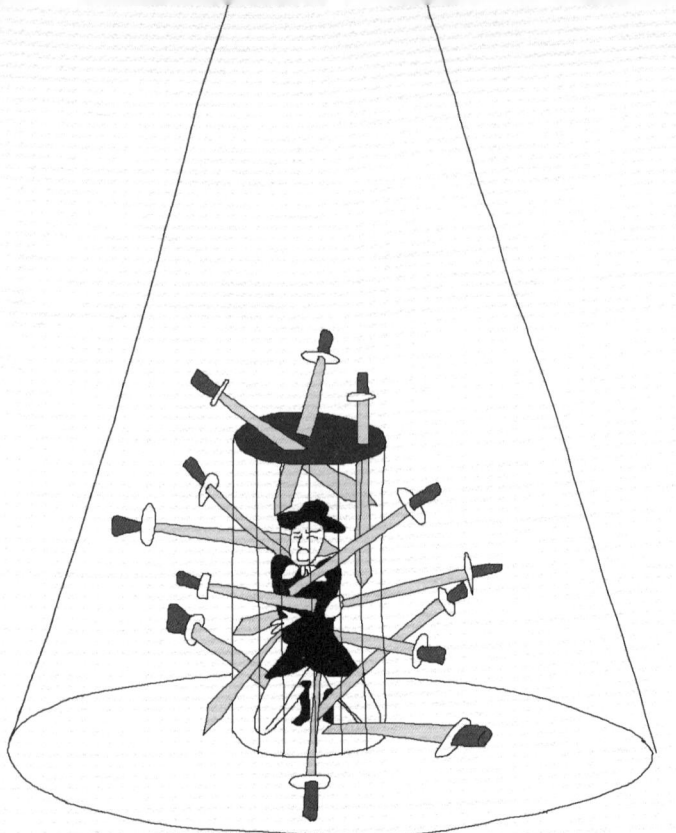

그가 다시 나오려는 낌새를 보이자
잠잠하던 군중들이 순식간에 끓어올랐다.
그들은 입에 담지 못할 욕설과 맹비난을 퍼부으며
너는 밖에 나올 자격이 없으니
감옥에서 평생 죽은 듯이 살라고 저주했다.

한 발자국 내디뎌 보지도 못한 채
그의 옥문은 다시 철통같이 잠겨 버렸다.

나는 사람들에게 넌지시 말을 건네 보았다.
"이젠 용서할 때도 되지 않았나요?
그도 충분히 반성했을 거예요.
과거는 과거이고 이제 그도 현재와 미래를 살아야죠."

그들은 내가 그를 편들었다는 이유만으로
내게 욕설을 퍼부었다.
사람들은 아직도 그를 증오했다.
용서 못할 이유는 천 가지도 넘었다.
애초에 사람들은 그를 용서할 마음이 없었다.

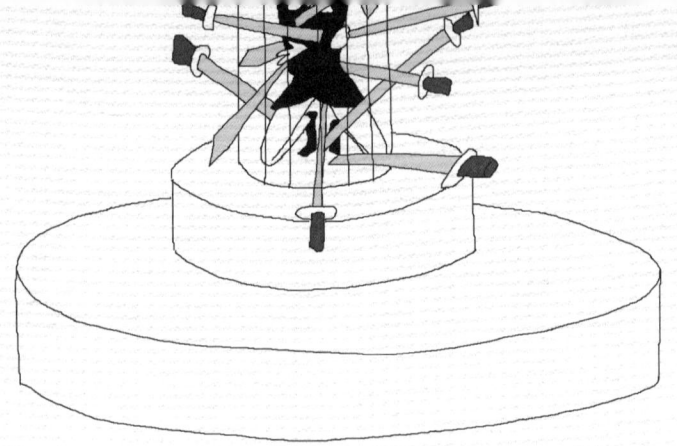

이 세계에는 망각이나 간과는 있을지언정
진정한 용서란 없다.
내 죄를 완전히 말소시키고
다시는 기억치 않으신다는 주님의 용서와
새로운 신분증을 주며 복권시켜 주시는
주님의 그 관대하심을,
경험치 않고서 그 누가 이해할 수 있으랴.
나는 지금 아무 대가도 치르지 않고
이 따스한 용서의 세계 안에 들어와 있다.

자신이 죄인임을 절감한다면
남에게 심판의 칼을 휘두를 수 없다.
"주님, 저만이라도 저 사람을 용서할래요."
그분은 나의 등을 토닥거려 주셨다.

내 속마음을 궁금해 하셨다

한 후배가 하루가 멀다 하고 나를 찾아왔다.
그는 자기가 당한 푸대접에 대해
울분을 쏟아내더니 점점 격분하기 시작했다.
자기를 상처 주었다는 그들에 대해
말로 표현할 수 없는 악담과 욕설을 늘어놓는
그의 모습은 답답하기 짝이 없었다.

그는 여기저기를 다니며 비방을 일삼았고,
사실이 아닌 소문은 애꿎은 희생자를 낳았다.
나는 그의 입을 틀어막고 싶어 견딜 수 없었다.
최초의 원인이 누구이든지
지금 그의 험악한 비난과 욕설이
더 심각한 악이라고 생각했다.

모두들 건성으로 '그래, 그래' 하고 들어주니
그는 자기가 옳은 줄 알고 더 심해지고 있다.
누군가는 그에게 진실을 일깨워 줘야 한다.

나는 주님께 확인했다.
"주님이 말씀하신 '비판하지 말라'가
건전한 비판까지도 하지 말라는 뜻은 아니죠?
무조건적인 무비판주의나 대안 없는 긍정주의를
말씀하신 것도 아니고요."

"너의 말이 맞다.
자기 본심을 신랄하게 의심하고 진실을 모색한 후에
진정으로 옳다고 믿는 것을 말하는
건전한 비판도 있지."

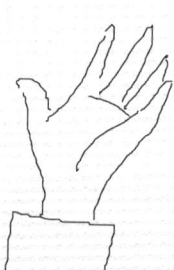

"네. 그래서 저는 지금 그것을 하려고 합니다."
"……"
"모두가 상처받고 있어요. 관계들이 깨지고 있고요."
"……"
"그가 비방과 정죄의 죄를 그만두도록
누군가는 그를 도와야만 해요."
"……"

모두가 회피하는 어려운 결심을 했다고
칭찬하실 줄 알았는데 주님은 말씀이 없었다.

주님이 물으셨다.
"누구를 위한 결심이니?"
"당연히 그를 위해서죠! 또 주님을 위해서고요."
"…그래?"
"지금 저는 그에게 가서 말할 거예요.
주님은 옆에서 저를 도와주세요."

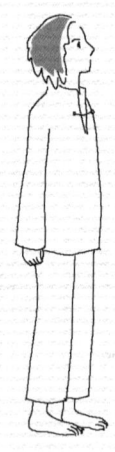

나는 즉시 그의 무대로 달려가
겸손한 표정과 온화한 음성으로
부디 비방을 멈추기를 바란다고 충고했다.

"아니, 내가 언제 비방을 했다는 거예요?
나는 사실을 말했을 뿐이에요!"

나는 답답했지만 꾹 참고 부드럽게 말했다.
"상황을 좀 더 객관적으로 보면 좋겠다.
너의 격한 행동으로 인해 모두들 힘들어하고 있어.
설령 누군가가 네게 잘못했다 하더라도
네가 먼저 용서하고 미움의 매듭을 끊어주면 안 되니?"

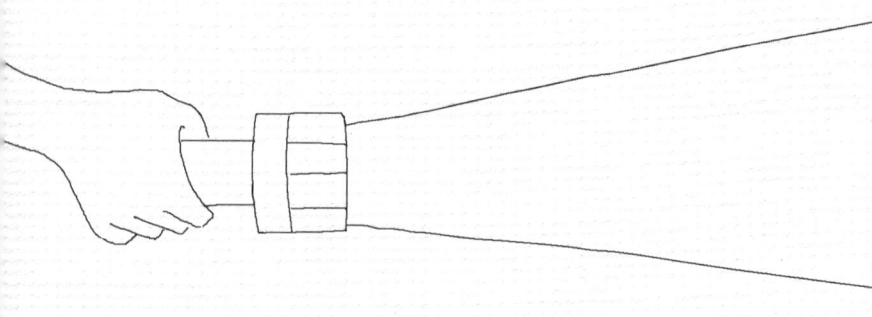

그가 나를 노려보았다.
"다들 나 때문에 힘들어 한다고요? 어이가 없네요.
내 마음을 이해해주리라 믿고 말한 건데
그 동안 모두들 나를 판단하고 있었단 말이죠?"

그는 변화를 거부한 채
하소연을 잘 들어줄 다른 이를 찾아 떠나갔다.

나는 허탈해서 주님께 물었다.
"왜 이런 결과가 나왔죠?
제가 그에게 한 말이 틀렸나요?"
"아니다. 네 말은 전부 맞았다."

"그럼 그가 제 충고를 못 받아들인 것은
그의 그릇이 작아서인 거죠?"
"아니다."
"그럼 왜죠?"

"네가 원한 것이 정말로 그의 변화니?"
"그럼요! 주님도 원하시던 일잖아요!"

그분은 맑은 눈으로 나를 들여다보셨다.
그리고 아무 말씀도 하지 않으셨다.
오직 미소를 지으실 뿐이었다.
그러나 그분과 눈이 마주친 순간
나는 얼굴이 화끈거려 어디론가 숨고 싶었다.
그때 나는 알았다.
내가 내 말에 속을지라도 주님은 속지 않으심을.
나는 그저 주님을 빙자하여
짜증스러운 시달림에서 벗어나려 했을 뿐이었다.

"네가 천사의 말을 하더라도 사랑이 없다면
그저 요란한 징과 꽹과리 소리에 불과하단다.
비판하기에 가장 적절한 때를 알고 싶니?
그렇다면
그가 들을 준비가 되었는가보다
너에게 사랑이 충분한가를 먼저 살피거라.

사람이 사람을 바꿀 수 없다.
사랑이 사람을 바꾼단다.
사랑이 충분한지 어떻게 알 수 있느냐고?
그 사람을 향한 나의 심장이
너의 가슴에서 뛰고 있는지,
그 사람을 향한 나의 눈물이
너의 눈에서 흐르는지 살피려무나."

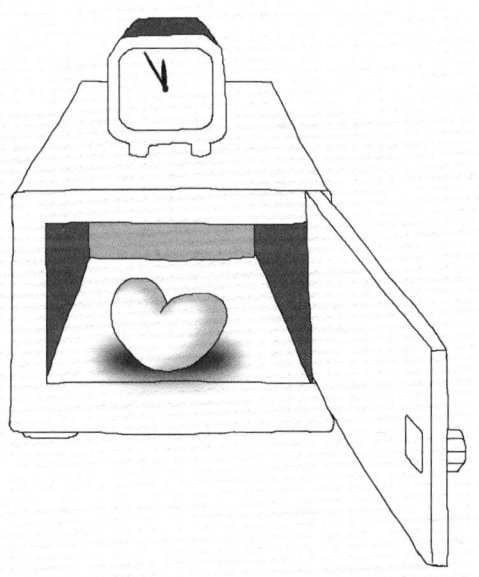

얼마 후 나는
어떤 사람과 동료로 지내게 되었다.
나를 하나님을 믿는 사람이라고 소개했더니,
그는 종교의 타락과 부패를 성토하며
하나님은 무능하거나 존재하지 않는 신이라고
거리낌 없이 비방을 뱉어냈다.

"…그렇군요.
그렇게 느낄 수도 있겠네요."

마음이 불편했지만 억지 미소를 지으며
최대한 신사적으로 응대하고 있는데
주님이 조그맣게 말을 거셨다.
"너 지금 꾹 참고 있구나."

"어쩌겠어요.
앞으로 계속 관계를 이어가야 할 사람인데
신앙 문제로 불편해지면 안 되잖아요."

"애야, 나는 너의 친구지?"
"그럼요! 가장 좋은 친구죠!"
"…그런데 아무렇지도 않니?"
"뭐가요?"
"그가 가장 좋은 친구를 모욕하고 있는데…."
"……!"

충격이었다.

먼 친척이 비난당해도 당장 발끈했을 내가
가장 사랑하는 주님이 비난받고 있는데도
당연한 듯 참고 있었다는 것을 깨달았다.

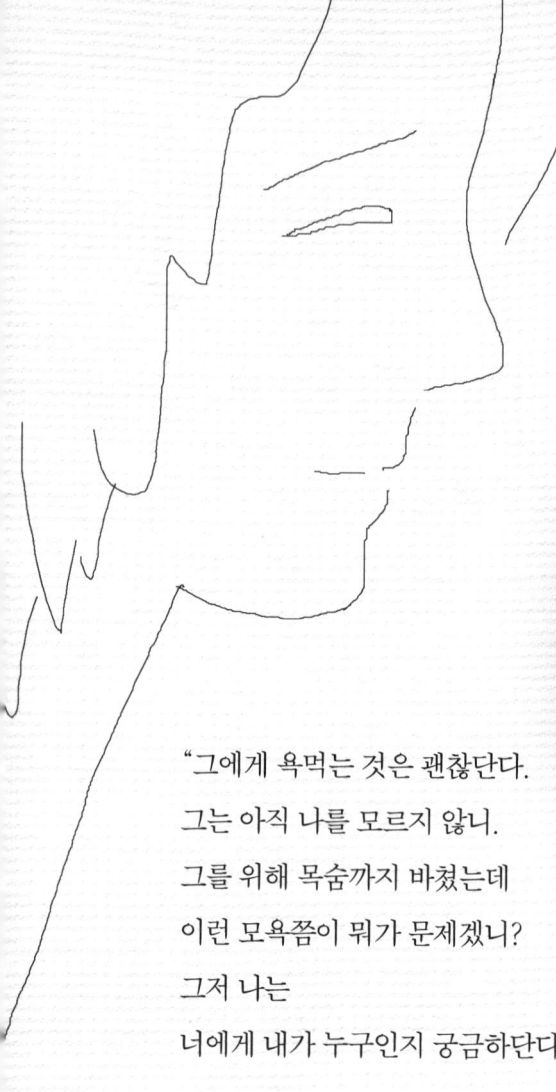

"그에게 욕먹는 것은 괜찮단다.
그는 아직 나를 모르지 않니.
그를 위해 목숨까지 바쳤는데
이런 모욕쯤이 뭐가 문제겠니?
그저 나는
너에게 내가 누구인지 궁금하단다."

주님은 담담히 웃으셨지만
나는 울고 싶었다.

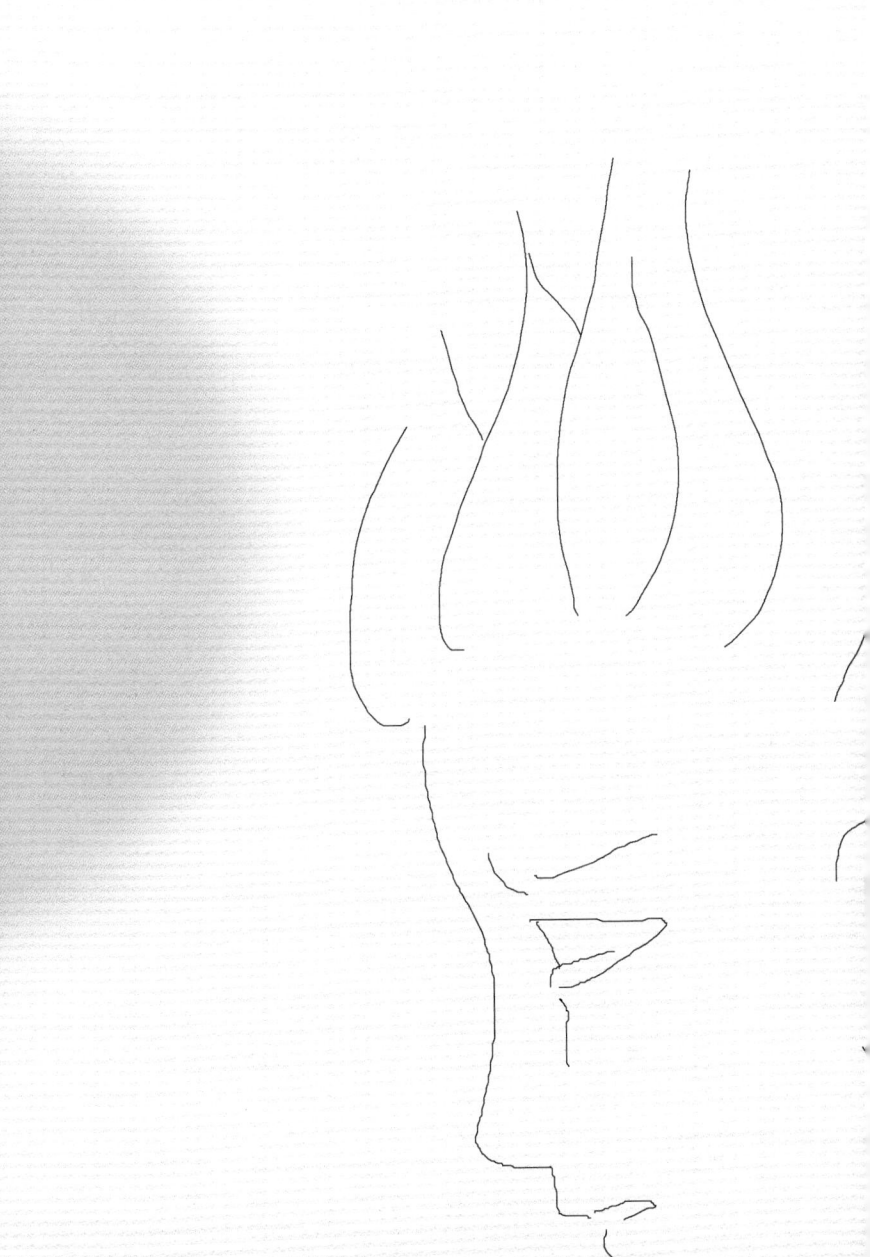

"죄송하지만 말씀을 멈춰 주시겠어요?"
나는 그의 말을 끊었다.

"제가 사랑하는 분을 비난하는 말을
계속 듣고 있으려니 마음이 좋지 않습니다.
당신으로서는 믿기 힘드시겠지만
저는 그분을 분명히 만났고,
유일한 진리라고 확신하며 살고 있습니다.
그분에 대한 저의 믿음과 사랑을
당신이 존중해 주셨으면 합니다만."
나는 정중하지만 비굴함 없는 어조로
주님과 나의 관계를 그에게 알렸다.
그는 입을 다물었다.

하나님이 내 머릿속의 관념이 아니라
내 인생의 리얼리티라는 사실을
세상에 공표하고 난 뒤
하나님과의 관계와 사랑에 대해
나는 더 깊은 책임감을 느꼈다.
그분이 나를 목숨 걸고 사랑하셨듯이
지금부터 나는 그분의 **존재**와 그분의 **진리**를
목숨 걸고 수호해야 할 사람인 것이다.
그렇게 나는 하나씩 하나씩
하나님께 가르침 받으며 나아가고 있었다.

또 다시 비판을 받았을 때는

7

제법 시간이 흘렀고,
주님이 연출을 시작하신 내 인생 공연은
확연히 그 내용이 달라졌다.
내 삶이 무척 즐겁고 행복하여
열정적으로 몰두하며 지내던 어느 날,

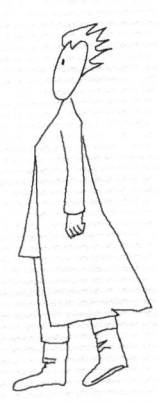

오래 나를 지켜 본 한 믿음의 선배가 찾아와
나를 정말 많이 아끼기에
꼭 해 줘야 할 말이 있다고 말했다.

"너 정말로 하나님을 사랑하니?"
"…네?"
"과연 너의 신앙고백이 네 삶과 일치하는지
정직하게 너 자신을 점검해 보길 바라."
"…뭐라고요?"
"넌 하나님을 사랑한다고 말하고 있지만
내가 볼 때 넌 주님이 주신 사명보다
자기만족을 위해 사는 사람처럼 보인다.

무방비 상태로 몽둥이질을 당한 것 같았다.
대체 뭘 보고 저따위 소리를 하는 거지?
저 차디찬 눈이 정녕
나를 아끼는 사람의 눈인가?

가슴에서 불길이 치솟아 올랐다.
나도 똑같이 그의 삶을 조목조목
난도질해 주고 싶은 충동이 치밀었다.

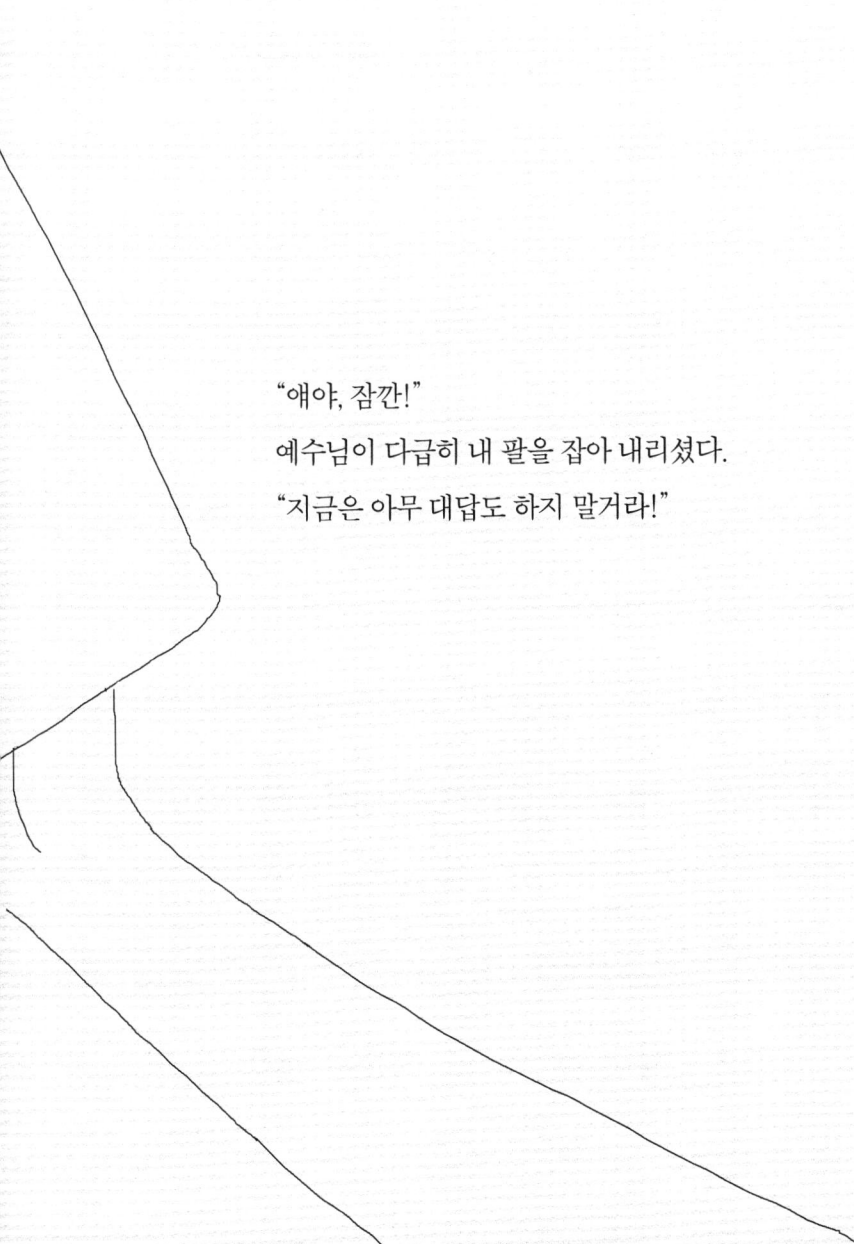

"얘야, 잠깐!"
예수님이 다급히 내 팔을 잡아 내리셨다.
"지금은 아무 대답도 하지 말거라!"

"왜요? 저도 할 말 있어요!
그가 자기 믿음의 경험치만 정답이고,
자기만큼 행하지 않으면 모두 틀렸다고
남의 신앙을 함부로 깔보고 정죄하는데
이거야말로 교만이고 무례 아닌가요?
하나님을 위한답시고 수많은 사람들에게
칼부림을 하고 있다고요!"

주님은 분노로 부들부들 떠는 나를 꼭 안아 주셨다.
"네 마음 안다. 모욕감과 억울함 다 안다.
그러니 잠시만, 여기 이렇게 있거라."

나는 주님 품에서 어깨를 들썩이며 울기 시작했다.
주님은 내가 안정을 되찾을 때까지
한참동안 나를 꼭 안고 계셨다.

"애야, 그거 아니?
심판은 권리가 아니라 책임이란다.
수많은 이들의 생명이 여기에 달려있기에
더욱 무겁고 고통스러운 책임이지.
그렇기에 나는 그 책임의 날을
어떻게든 최대한 뒤로 미루고 싶단다."

"그날에는 모든 혐의들이 밝혀지고
누가 진정 의인이고 죄인인지 드러날 거야.
그러니 할 수만 있다면 네 모든 사적인 심판은
최후의 심판 날 이후로 보류하거라.
심판은 내가 홀로 맡을 터이니
얼마 남지 않은 그날까지
넌 오직 사랑하기만을 애써주었으면 좋겠다."

"하지만 주님,
심판 날까지 저 사람을 저대로 놔두라고요?
저 사람 때문에 숱한 사람들이 상처 받아도요?"

"너, 나를 못 믿니?"
주님은 빙그레 웃으셨다.
그렇지.
주님은 나도 변화시키신 분이시지.

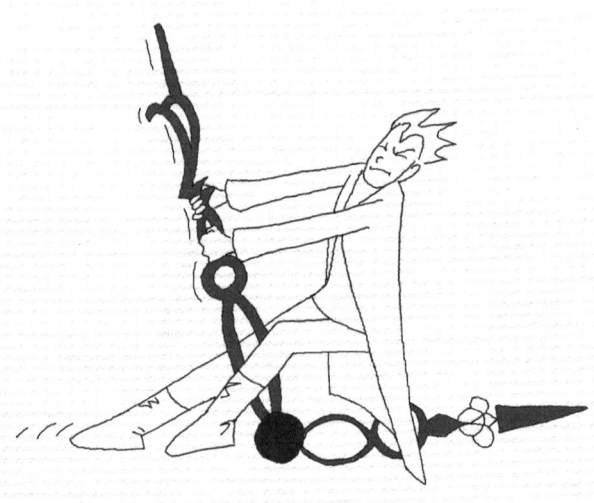

"네가 그를 위해서 기도해 주면 고맙겠다."
"…그를 위해 기도하라고요?"
"그가 나를 당위當爲의 하나님이 아니라
은혜恩惠의 하나님으로 새롭게 만나도록 말이다."
나는 고개를 끄덕였다.

"자, 네가 지금 당장 할 일이 하나 있다!"
"뭔데요?"
"이왕에 받은 비판을 무익하게 끝내지 않기."

"모든 비판에는 단 1%라 할지라도
진실이 포함되어 있기 마련이지.
너는 지금부터 화살을 너 자신에게 돌려
그가 지적한 1%의 진실을 추적해 보거라."
1%의 진실….

"한번 용기를 내 보겠니?"

"……예. 해 볼게요."

주님은 나를 격려하듯 안아주셨다.

그 선배는 여전히 나를
의심의 눈길로 지켜보고 있었지만
나는 그를 향해 아무런 행동도 취하지 않았다.
그리고 주님이 시키신 대로
내 속을 정직하게 들여다보는 일에만 애써 집중했다.
결코 쉬운 일은 아니었다.

그러나 주님이 내게 관대하실수록
나는 더욱 철저히 깨끗해지고 싶은
이 신비한 열망에 놀라며
성찰의 시간을 보냈다.

몇 주간의 내면 조사가 끝났을 때
나는 주님께 두 손 두 발 다 들고 말았다.
선배가 지적한 혐의의 일부를
결국 인정할 수밖에 없었던 것이다.

나는 주님의 따스하고 신사적인 설득에
자발적으로 변화되었고,
이 사건으로 인해 상처 받은 사람은
단 한 사람도 없었다.
바로 이것이 **주님의** 방식이었다.

비로소 나는 주님의 말씀을 이해하게 되었다.
최후의 심판 날 이후로 내 사적인 심판을 보류한 동안
그분은 각 사람들의 영혼 속에서
한시도 쉬지 않고 일하실 것임을.

그럼에도 말해야 한다면

에필로그

최근에 나는 다시 고민에 빠졌다.
사랑하는 공동체 안에서 일어난 일 때문이다.

모임 안에 들어온 어떤 한 사람을
사람들이 온갖 이유를 달아 거부하면서
근거 없이 그의 인간성을 헐뜯고 있었다.

사람들은 누군가를 싫어하기로 결정한 순간부터
그 누구의 두둔과 해명도 받아들이지 않고
왜곡된 해석을 마음대로 내리면서
그 사람을 계속 헐뜯고 욕하고 싶어 한다.
아! 우리는 어째서
존중할 가치가 전혀 없는 판단과 정죄의 욕구를
그 어떤 선한 의지보다 더 적극적으로 존중하는 걸까?
분명 우리의 본성이 어딘가 고장 났기 때문이리라.

하나님을 오래 믿고도
사랑하지 않는 자신을 부끄러워하기는커녕,
그 미움을 주님의 명령보다 옳은 것으로 여기고
틈만 나면 입을 열어 주변에 전염시키는 그들의 모습에서
나는 인간 안에 도사리고 있는 살인자의 본성을 보았다.

가슴이 아팠다.
양쪽 모두 안쓰럽고 답답하여 마음이 무거웠다.

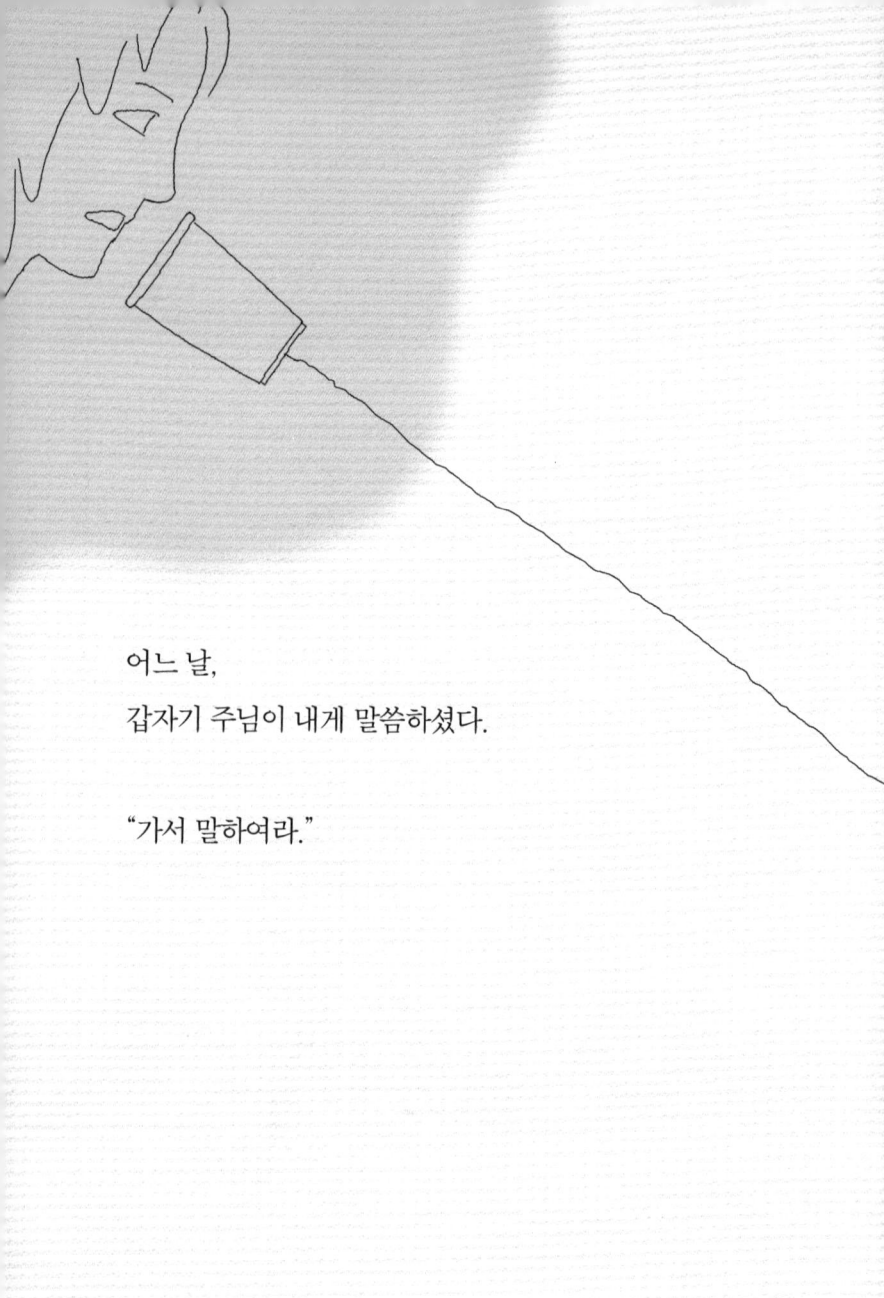

어느 날,
갑자기 주님이 내게 말씀하셨다.

"가서 말하여라."

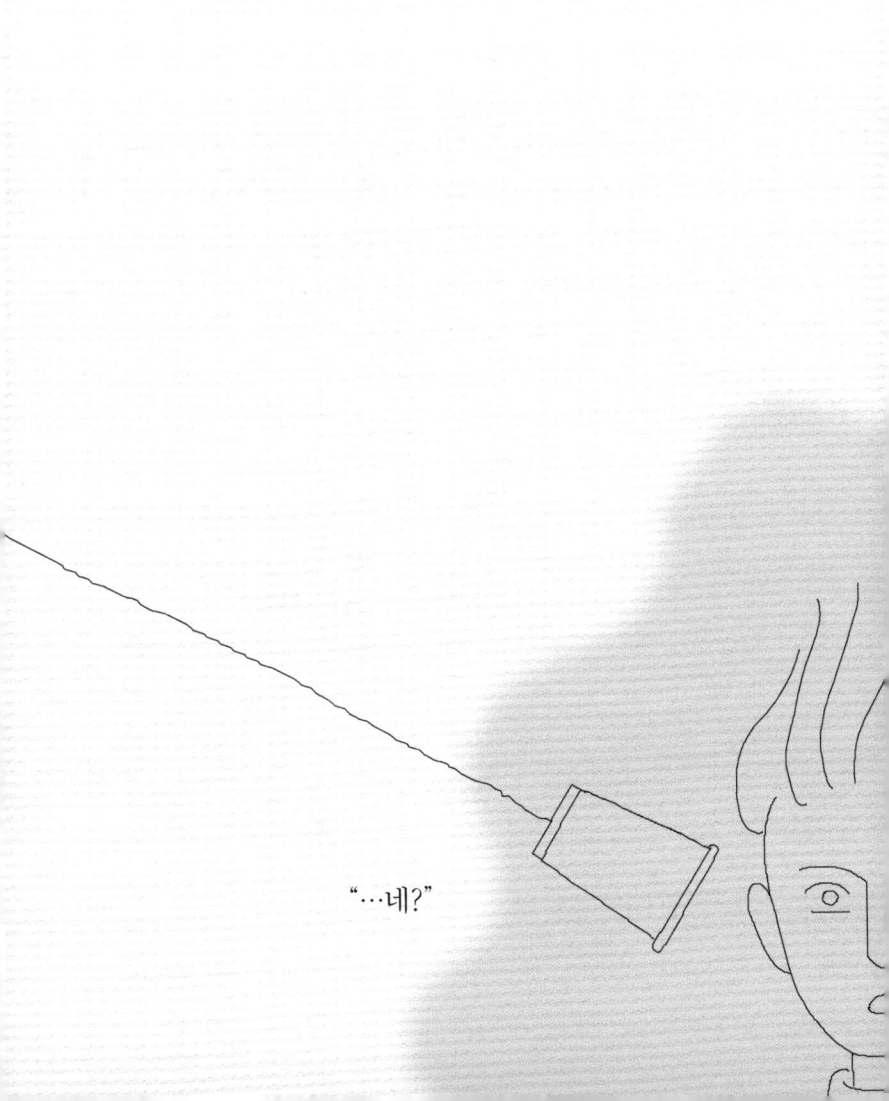

"네가 나서주면 좋겠다."
예기치 못한 주님의 명령이었다. 당황스러웠다.
"…제가요?
하지만 주님! 전에 제가 나서서 달려갈 때에는
아니라고 하셨잖아요."
"하지만 지금은 네가 적임자라고 생각한다."
"…왜요?"

"너는 저 양쪽 모두를 깊이 사랑하니까."

더럭 겁이 났다.
그 정도는 아니라고 변명하고 싶었다.

"네가 가서 나의 뜻을 그들에게 전해 주겠니?"

심장이 조여 왔다. 싫다. 그러기 싫다.
그들의 잘못을 지적하면
그들은 나마저 미워하게 될지도 모른다.
그 고통스러운 배척과 고립을
두 번 다시 겪고 싶지 않다.

"주님, 전 나설 만한 인간도 아니고, 사랑도 부족해요.
저는 적절한 사람이 아니에요.
굳이 제가 아니어도 주님은 하실 수 있잖아요."

"찢어져가는 내 몸을 꿰매고 이어줄 사람이
내게 절실히 필요하구나…"

주님이 고통스러운 눈으로 공동체를 바라보셨다.
그분의 눈빛을 보자 내 가슴이 찢어지는 것 같았다.

얼마나 보낼 사람이 없으면
그분이 나 같은 자를 보내려고 하실까?

나는 생각하고 또 생각했다.
점검할 것이 너무 많았다.

'정말로 내가 주님의 말씀을 정확히 들은 것일까?
내가 내 바람을 주님의 뜻으로 착각하는 것은 아닐까?
주님이 보내시려는 사람이 정말로 나인가?'

한참을 살핀 뒤 나는
내 속에 내 것이 아닌 의지가 들어와
나를 움직이고 있음을 인정하게 되었다.

점검은 계속되었다.

'내가 그 어떤 천사의 말을 해도
누군가는 자기를 비난한다고 느끼고
어떤 이는 반대쪽을 편든다고 분개할 것이다.'

'또 누군가는 내 말을 주님의 뜻이 아니라
나의 잔소리로 여겨 고까워할 것이다.
나는 그 모든 시각을 감내하기로 각오했는가?'

'사랑이 파괴되고 하나님이 가려지는 상황을
나는 정말로 안타까워하고 있으며,
내 의협심이 아니라 주님을 위하여
그것을 바로잡고 싶어 하는가?'

'내가 비판하려는 대상이
무생물이 아니라 살아 숨 쉬는 인격체이기에
그들에게 내가 깊은 상처를 줄 수도 있고
내가 상처를 입을 수도 있음을 각오했는가?'

'나는 지금 미움 받는 사람과
미워하는 사람들 양 쪽 모두를
진실로 아끼고 사랑하는가?'

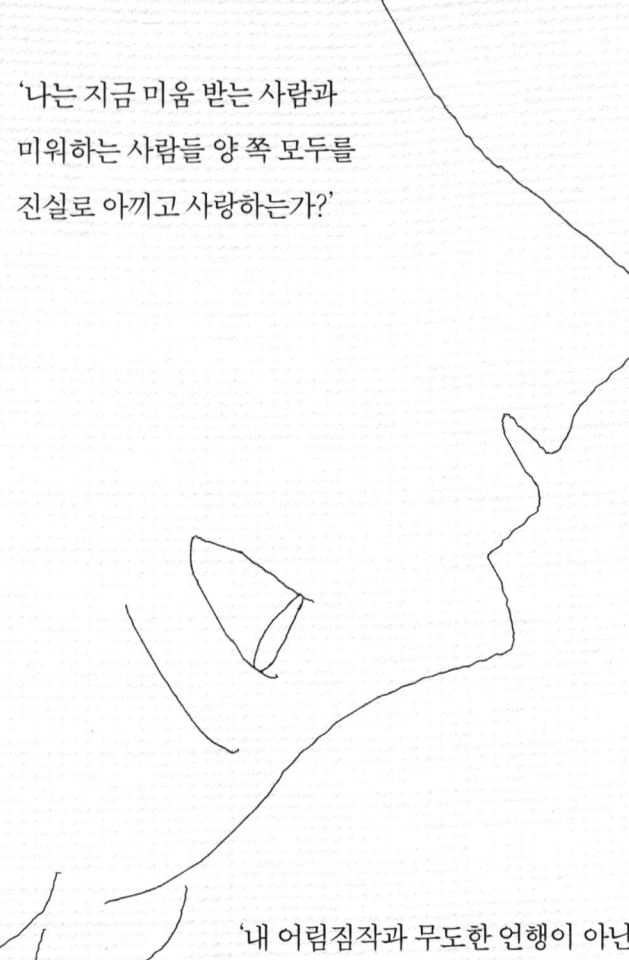

'내 어림짐작과 무도한 언행이 아닌,
하늘로부터 주어진 지혜와
따뜻하고 인격적인 언어와 행실로
양쪽 모두를 어루만질 만큼,
내 영혼이 충만히 채워진 상태인가?'

'내가 이 일로 공동체로부터 거부당하더라도
그들을 한 사람도 미워하지 않고
여전히 사랑하기로 결단하는가?'

'그리고 마지막으로,
그들이 끝까지 회개와 변화를 거부한다 해도
심판 날 이후까지 이들에 대한 판단을 미루고
여전히 이들을 위해 남아서 끝까지 헌신하겠는가?'

'나는 정말로,
정말로 말할 자격이 있는가?'

두려움과 긴장 속에서
나를 들여다보고 또 들여다보았다.

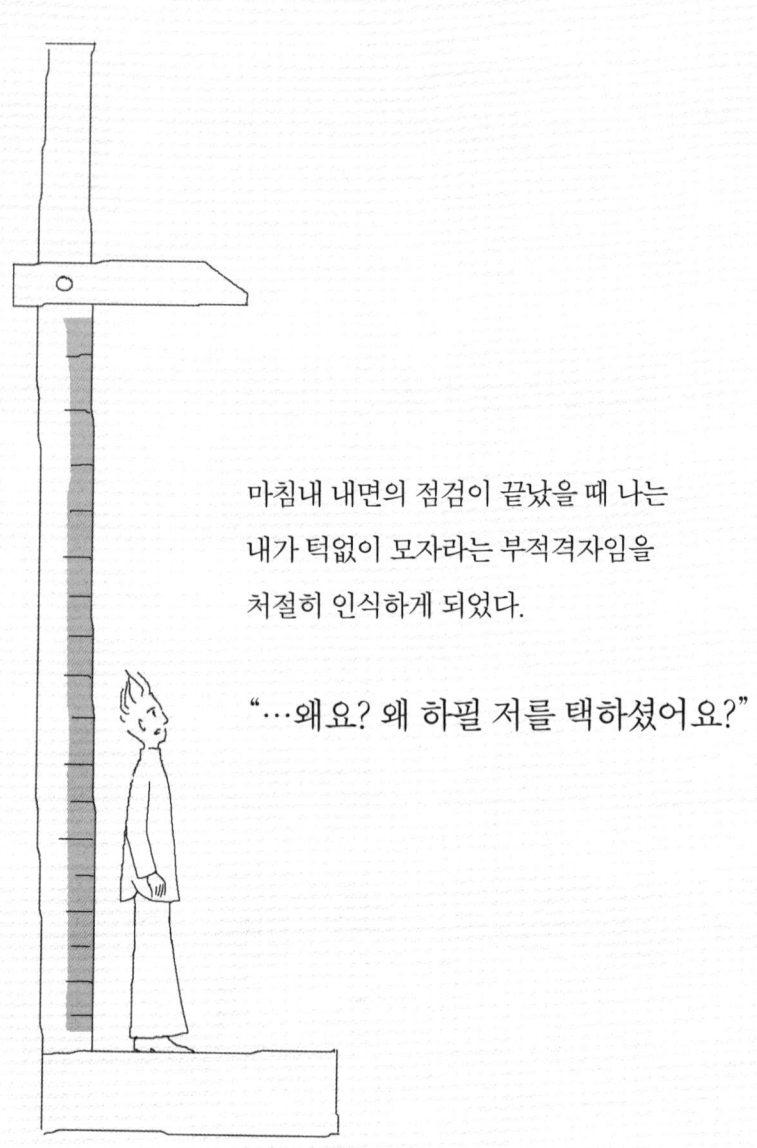

마침내 내면의 점검이 끝났을 때 나는
내가 턱없이 모자라는 부적격자임을
처절히 인식하게 되었다.

"…왜요? 왜 하필 저를 택하셨어요?"

주님께 묻지도 않고 달려 나가
마음에 가득한 악독을 입으로 턱턱 뱉어 오던
그 옛날의 나는 대체 무슨 만용으로 그랬던 걸까?
나는 죽어도 자격 없는 자였다.
그러나 주님의 눈빛은 너무나 간절했다.
도저히 외면할 수 없었다.

마침내 나는
내가 참으로 사랑하는
하나님의 편을 들기 위해
그들에게 나아가기로 결정하였다.

나는 그들이 모여 있는 그 안타까운 무대를 향하여
천천히 걸어가기 시작했다.
나는 여전히 두려워 심하게 떨고 있었다.
어쩌면 나는 그들 때문에
숱한 날을 울게 될지도 모른다.
하지만 더 이상 주님이 우시게 할 수는 없다.

친히! 보조 작가를 자처하신 하나님

이 책의 초고를 쓰기 위해 마음 예열을 시작하고 있던 무렵, 오른편 어금니 쪽에 갑자기 뭔가가 돋은 듯 입속이 몹시 불편해졌습니다. 손가락을 넣어보니 웬 치아 하나가 만져졌습니다. 치과에 가서 사진을 찍어 보니 10여 년 전에 사랑니를 뽑은 자리에 떡하니 사랑니가 또 나 있는 겁니다. 의사 말로는 완전히 다 자란 상태랍니다. 뽑은 자리에 사랑니가 또 난 것도 너무 놀라웠지만 저렇게 다 자랄 때까지 아무런 욱신거림조차 없었다는 게 더 신기했습니다. 어제까지도 없던 치아 하나가 오늘 뽕 하고 나타난 느낌이었지요.
사랑니는 아주 수월하게 뽑혔지만 집필은 수월하게 진행되지 않았습니다. 며칠을 끙끙대는데 이번엔 갑자기 오른쪽 관자놀이 아래가 아프면서 입이 벌어지지 않는 것이었습니다. 병원에서는 발치 후 6일 만에 시작된 이 통증을 관절이나 신경손상과 무관한 근육통 정도로 진단했지만, 그때부터 입으로 들어가는 모든 것이 저를 괴롭혔습니다. 밥 한 숟가락 입에 넣는 게 그토록 힘든 겁니다. 말할 때는 멀쩡하다가 먹을 때만 그렇게 아픈 겁니다.

턱앓이는 초고를 마치고 퇴고에 들어갈 때까지도 계속되었습니다. 글을 쓰고 있는 동안에도 제 주변에서는 판단과 정죄, 비난의 사건들이 그치지 않았습니다. 정보 교류라는 명분 아래, 걱정이라는 포장 아래, 험담과 비판, 인신공격의 말

저자의 뒷이야기

들이 난무하는 그 현장 속에서 저는 가슴이 무너지는 아픔을 처음 느꼈습니다. 더 슬픈 일은 그런 그들을 교화시키려는 제 입술에 더 극악한 비난과 심판의 본능이 도사리고 있음을 끝없이 발견하게 되는 일이었습니다. 내 작은 혀 하나 통제 못하는 죄인 하나가 여전히 거기 있었습니다.

마음에 가득한 것이 입으로 나오고, 입으로 들어가는 것보다 입에서 나오는 것이 사람을 더럽게 한다는데, 차라리 먹을 때 입이 아프지 말고 말할 때 아픈 게 더 낫겠다고 하나님께 울먹였습니다. 입술의 죄를 안 지을 수만 있다면 평생 입이 아파 벌리지 못해도 좋겠다고요. 저는 턱앓이와 함께 가슴앓이를 하고 있었습니다.

원고를 마무리해 가던 어느 날 밤, 저는 왈칵 눈물을 쏟고 말았습니다. 제 입속에 벌어진 통증과 제가 쓰고 있는 원고의 상관관계가 비로소 깨달아졌기 때문입니다.

맞습니다. 차라리 입을 벌리지 못하게 되는 게 낫습니다. 입으로 잔혹한 살인죄를 짓느니 말입니다. 그것이 바로 하나님의 마음이었습니다.

하나님이 얼마나 사람들에게 당신의 애타는 심정을 알리고 싶으셨으면 저처럼 부족한 글쟁이의 입속에까지 흔적을 남기며 개입하셨을까요?

뿐만 아닙니다. 원고를 쓰는 내내 이상하리만치 집중적으로 제 주변에서 비판과 정죄의 에피소드가 더 많이 일어나는 것을 보면서 하나님께서 제가 꼭 봐야할 장면과 참고해야 할 상황과 말들을 저에게 모두 수집해 가져다주고 계신다는 느낌마저 받았습니다.

이 책을 완성시키기 위해 마치 보조 작가처럼 제 옆에서 열심을 내셨던 하나님의 절박한 마음을 생각하면 울칵 눈물이 쏟아집니다.

제 오른쪽 턱관절은 그림을 완성해가는 사이에 완전히 다 나았습니다. 사실 통증을 조금은 남겨달라고 하나님께 기도했더랬습니다. 평생 입을 벌려 턱이 아플 때마다 이 일을 기억하고 싶었습니다. 입을 열어 누군가를 험담하고 깎아내릴 그 시간에 차라리 그를 위한 기도 한 마디를 더하기를 바라시는 하나님 마음을 잊고 싶지 않았습니다. 하지만 이제 이 책이 통증 대신 제 앞에 남았습니다.

입술은 죄의 본성과 신앙인격이 격돌하는 최전방 전투장이라고 생각합니다. 내 입술과의 싸움이 실패하는 순간, 이제 전쟁은 자신과의 싸움을 넘어 타인과의 전면전으로 확대되는 것입니다. 머릿속 판단까지는 막지 못한다 해도 우리는 적어도 의식적으로 입을 다물 수는 있습니다. 열라고 하실 때까지 굳게 다무는 것, 이것이 입술의 신앙이라고 믿습니다.

오늘도 저는 누군가를 심판하지 않기 위해 매일매일 자잘하게 제 자신과 싸우고 있습니다. 언젠가는 전혀 속 끓이지 않고도 그리스도의 인격과 시선으로 사람들을 바라보게 될 날이 오리라 믿습니다.
여러분, 저를 응원해 주십시오. 저도 여러분을 진심으로 응원합니다.

김수경

비판으로부터 자유

인쇄 | 2011년 12월 5일
발행 | 2011년 12월 10일

지은이   김수경
발행인   김동영
펴낸이   강영란

편 집   문혜진
디자인   이지은
제 작   장성준, 박이수
마케팅   조광진, 안재임, 최금순

펴낸곳   강같은평화
주 소   129-40 서울시 마포구 동교동 165-1 미래프라자 11층
전 화   편집부(직통) 070-4010-2035, 경영지원부 (02)325-6047~8
팩 스   주문 (02)2648-1311(총무부)

발행처   이지북
출판등록   2000년 11월 9일

ISBN 978-89-5624-380-1 13230

* 강같은평화는 이지북의 기독출판 브랜드입니다.
* 값은 뒤표지에 있습니다.
* 잘못 만들어진 책은 바꿔 드립니다.